MutterKutter

LOVE YOURSELF
MAMA!

humboldt

INHALT

LOVE YOURSELF – JETZT!

Liebe Mama, vermutlich hast du aus einem bestimmten Impuls heraus zu unserem Buch gegriffen. Vielleicht hat dich der Titel gecatcht oder das Cover angesprochen, vielleicht wurde es dir sogar empfohlen. Möglicherweise ist unser Ratgeber aber auch genau das „heiße Kompakt-Ding", nach dem du schon lange gesucht hast, weil du dir seit geraumer Zeit vorgenommen hast, dich endlich um dich, deinen Körper, deine Seele und die Liebe zu kümmern. Egal, welcher es war: Wir freuen uns riesig, dass du jetzt Love Yourself, Mama! in den Händen hältst und bei diesem wichtigen Thema zu uns an Bord gekommen bist. Kurz und knapp: Schön, dass du da bist!

Hilfe, ich muss mich endlich mehr um mich kümmern! – Ein Satz, den vermutlich schon 99 Prozent aller Mütter ausgesprochen haben, und den du dich sicherlich auch schon selbst hast sagen hören: *Jetzt bin ich dran! Ich tue nun endlich mehr für mich! Mehr Selbstliebe – JETZT! Yes!* Ein toller und wichtiger Vorsatz. Vielleicht formulierst du ihn auch in regelmäßigen Abständen übers Jahr verstreut, fängst aber immer wieder von Neuem an, dich um dich selbst zu kümmern. Möglicherweise hast du dich zumindest schon mal bei einem Sportkurs angemeldet, dir eine Meditations-App heruntergeladen oder dir fest vorgenommen, einen Weg zu finden, um deinem Spiegelbild liebevolle Beachtung zu schenken. Doch dann kommen immer wieder das Leben, der Alltag und das Hamsterrad „Familie" dazwischen. Genauer: die

Bedürfnisse der Kinder, der Partnerschaft oder der Verwandtschaft – und obendrauf vielleicht noch eine neue berufliche Herausforderung. Und dann stellst du dich zum gefühlt hundertsten Mal hinten an. Das Ende vom Lied: Du bist super müde. Ganz egal, ob du nun wenig oder viel schläfst, deine Gedanken rattern ständig in der dir alt-bekannten Müsste-hätte-könnte-sollte-Schleife oder du willst einfach nur endlich mal deine Ruhe haben und exakt NICHTS machen. Dein Vorsatz, dich um dich zu kümmern, versickert allerdings – wie schon so oft zuvor – im Sand, und du denkst dir zum x-ten Mal: SCH***, ich habe es wieder nicht geschafft. Der altbekannte Trott hat sich einge-stellt. Abends Instagram-TV statt Sportprogramm. Chips statt Möhr-chen. Und Gähnen statt Schwitzen. Halb angefangen ist auch dieses Mal schon wieder voll aufgehört – MIST!

Solche Situationen kennen wir auch. Genauso wie diese guten Vor-sätze fürs neue Jahr, die dann gerne mal via Social Media rausgeballert werden, um den Druck auf dieses Selbstliebe-ich-tue-nun-end-lich-was-für-mich-Ding zu erhöhen und die Sache jetzt auch wirklich durchzuziehen. Sicherlich hattest du auch etliche dieser Vorsätze, die du teilweise schon wieder Anfang Februar wegen Passt-doch-nicht-in-den-Zeitplan ad acta gelegt hast. Ein paar Highlights: *Ich muss jetzt endlich das Beckenbodentraining machen. Ich will doch mal herzhaft Nie-sen können, ohne … genau! Ich rufe gleich Anfang Januar den Frauen-arzt bzw. die Frauenärztin an, um einen Vorsorgetermin zu machen, der letzte ist schon wieder viel zu lange her. Dann kann er*sie mir auch zeigen, wie ich meine Brüste richtig abtaste! Ich werde versuchen, eine Lösung für meinen Monkey Mind zu finden. Ich will endlich innerlich zur Ruhe kommen! Ich muss über den Sex in unserer Beziehung sprechen. Ich will nicht immer nur sonntags um acht Uhr morgens vögeln!* Oder auch gerne genommen: *Ich muss Lena sagen, dass mich ihre ständigen Nach-*

*) Wir nutzen das Gendersternchen, um sowohl männliche und weibliche als auch nicht-binäre Geschlechtsidentitäten einzuschließen. Zum Teil wurde nur die weibliche Form gewählt, nichtsdestoweniger beziehen sich die Personenbezeichnungen gleichermaßen auf alle Geschlechtsidentitäten.

richten total nerven und dass ich mir nicht immer ihre Probleme anhören kann. Das nervt und kostet Energie! Nur: Wie sage ich es richtig? – Und da kommen wir ins Spiel! Wir helfen dir dabei, in den Tritt zu kommen und in Gang zu bleiben – unser Ziel ist, dass du dich und deine Bedürfnisse weit über den Februar hinaus an erste Stelle stellst und dich wohlfühlst.

MÜTTER DENKEN AN ALLE – UND AN SICH SELBST ZULETZT

Wir haben in unzähligen Gesprächen mit anderen Müttern – beruflich und privat – festgestellt, dass wir Frauen uns viel zu oft selbst vergessen. Ganz egal, in welcher Phase der Mutterschaft wir uns befinden: ob im emotionalen ersten Babyjahr, in der oft gefühlsstarken Autonomiephase oder in der sensiblen Pubertät – irgendwas ist ja (fast) immer. Wenn wir gebraucht werden, dann rücken unsere ureigenen Bedürfnisse oft in den Hintergrund und wir funktionieren einfach, weniger für uns selbst, mehr für alle anderen. Und genau das wollen wir jetzt mit dir gemeinsam ändern. Denn mal von einer anderen Seite betrachtet: Die Arzttermine deiner Kinder vergisst du wahrscheinlich nicht, ihre Sporttermine auch nicht. Du kaufst ihnen vielleicht auch regelmäßiger neue Unterhosen als dir selbst. Du schickst dein Auto vermutlich auch jedes Jahr in die Inspektion, damit es am Ende nicht als Mängelexemplar verschrottet wird.

Was wir dir aufzeigen möchten: Indem du dich um dich kümmerst, kümmerst du dich auch um deine Familie. Schließlich erklärt uns die Flugzeug-Crew ja auch vor dem Start, dass wir uns selbst bei Turbulenzen zuerst die Sauerstoffmaske aufsetzen sollen, bevor wir anderen helfen – um eben auch richtig helfen zu können. Da ist es ja eigentlich nur logisch, dass dein Körper und deine Seele im gesunden Gleichtakt schlagen sollten, damit du als Mama und Frau den Familienalltag langfristig easy wuppen kannst.

Das hier ist der Startschuss für deine Mission „Love Yourself"! Wir haben viele verschiedene Tipps rund um die großen Themen „Selbstliebe" und „körperliche Gesundheit" für dich – alltagserprobt und medizinisch fundiert. Du bekommst schulmedizinisches und naturheilkundliches Wissen aus erster Hand, leicht verständlich und schnell umsetzbar. In fünf Kapiteln werfen wir einen Blick auf deinen Körper, deine Weiblichkeit und ihre Veränderungen, deine Psyche, deine Liebesbeziehung und dein soziales Umfeld. Wir haben für dich unser Wissen rund um typische Problemklassiker samt passender Lösungen aufgeschrieben. – Dazu haben wir verschiedene Selbsttests gemacht, z. B. *Was bringt kaltes Duschen wirklich? Kann auch eine hibbelige Mama dank Meditation „Frau „Buddha" werden?* oder *Kann ich mich schön finden dank Affirmationen?*

Zudem haben wir Gast-Autor*innen an Bord geholt: Paarcoach Sascha Schmidt und (TV-)Moderatorin und Bestseller-Autorin Anna Funck haben ihre persönlichen Tipps zu den einzelnen Themenbereichen vorbereitet. Außerdem sind die beiden Erfolgsbloggerinnen Danielle Graf (Instagram: @gewuenschtestes.wunschkind) und Laura Fröhlich (Instagram: @heuteistmusiklaura) mit dabei. Sie haben für dich jeweils einen der fünf Selbsttests gemacht. Wir freuen uns sehr über diese fachliche und menschliche Verstärkung.

Von uns bekommst du eine Portion mentale Stärke, mit uns kommst du raus aus der Couch-Potatoe-Falle und marschierst wieder rein ins Leben. Immer wieder werden wir dir aufzeigen, warum Bewegung auf ganzer Linie so wichtig ist. Wir möchten dir dabei helfen, Körper und Geist in Einklang zu bringen, dich (endlich wieder) selbst zu lieben und dir eines zeigen: dass eine gesunde Portion Egoismus im Familienalltag für dich ein wahrer Energiebrunnen sein kann! Auf geht's für deine Gesundheit und dein Wohlbefinden. Wir wünschen dir viel Spaß beim Lesen!

Deine
Doro, *Judith* und *Kerstin*

Doro – Judith – Kerstin

Das sind wir

Wir sind keine Coaches, die irgendwelche abstrusen Glücksver-sprechen via Social Media rauskloppen und für viel Geld Wochen-end-Seminare anbieten. Wir sind auch keine dubiosen esoterischen Frauen, die wilde Heilsversprechen in den Raum werfen und das Ganze erst mal mit Räucherstäbchen bei einem gemütlichen Glas Tee besprechen möchten. Wir mögen auch das Bild von der schwar-zen Therapie-Couch nicht – nur um mal mit gängigen Klischees rund um die Themen „Hilfe zur Selbsthilfe" oder „Mom-Empowerment" zu spielen. Wir glauben tatsächlich an sehr viele (manchmal schier unglaubliche) Dinge zwischen Himmel und Erde und würden uns auch schon als spirituell bezeichnen, aber trotz allem sind wir in ers-ter Linie Expertinnen und Mamas aus dem echten Leben, die nicht nur an die Kraft und Energie von uns Frauen glauben, sondern auch Fans des gegenseitigen Supports sind. In einem Hashtag ausgedrückt: #womensupportwomen!

FRAUENGESUNDHEIT – DAS IST UNSER STECKENPFERD

Für dich schreiben hier eine erfahrene Frauenärztin, eine siebenfache Mutter und langjährige Hebamme mit Expertise in Naturheilkunde sowie eine leidenschaftliche (TV-)Journalistin. Wir haben insgesamt 14 Kinder und lieben es, Mamas mit unserem Wissen und echten Geschichten aufzuklären und dazu noch zu unterhalten. Etwas, das wir in dieser Kombination übrigens schon auf dem gleichnamigen Online-Magazin „MutterKutter" machen.

Wir sind alle neugierig und nah dran an anderen Menschen. Wir wissen, wie andere Mütter fühlen und denken. Zum einen durch die vielen Geschichten auf MutterKutter und durch unzählige persönliche Gespräche mit unseren Leser*innen, vor allem aber durch unseren jeweiligen beruflichen Background. Wir sind:

Dorothee Dahinden. Unsere erfahrene (TV-)Journalistin, Foto- und Videografin Doro hat hunderte Beiträge fürs Fernsehen vor und hinter der Kamera produziert. Die Kielerin hat unzählige Menschen kennengelernt und die unterschiedlichsten Geschichten erzählt: Von verrückten über lustige Geschichten bis hin zu schweren Schicksalen – da war wirklich alles dabei. Ihr Anspruch an ihre Arbeit – egal, wie herausfordernd das Thema ist: Sie möchte, dass sie und ihre Protagonist*innen sich vorher und nachher gegenseitig herzlich in die Augen schauen können. Mitgefühl, Respekt und Verständnis für andere – das ist auch die Kernphilosophie des Magazins „MutterKutter", das sie seit Ende 2015 mit wachsendem Erfolg herausgibt: Ihr Rezept, die Mischung aus Unterhaltungs- und Gesundheitsthemen, geht auf! Inzwischen sind nicht nur sieben weitere Autor*innen an Bord, das hier ist auch schon der zweite MutterKutter-Ratgeber, der im humboldt Verlag erscheint. Hier kommt ihr zu unserem ersten Ratgeber:

https://www.humboldt.de/product/9783842616165
/der-survival-guide-fuer-mamas

Dr. Judith Bildau. Unsere Frauenärztin mit langjähriger Erfahrung, einem verdammt großen Wissensschatz, wahnsinnig guten medizinischen Tipps und dazu einem großen Herzen. Judith ist die Frauenärztin, mit der wir nach Feierabend wohl alle gerne einen Vino trinken würden, weil sie einfach da ist, zuhört und hilft, wenn sie kann. Sie macht keinen Unterschied zwischen den Menschen – für sie zählt einfach nur der Mensch. 2018 ist Judith mit ihrer Familie nach Italien ausgewandert – inzwischen arbeitet sie in der Toskana als leitende Frauenärztin in den Krankenhäusern auf dem Land und genießt La Dolce Vita mit ihren Töchtern und ihrem Mann. Judith hat nicht nur als fünffache (Patchwork-)Mama viele Geschichten zu erzählen, sie liebt es vor allem, andere verständlich und auf Augenhöhe mit ihrem Wissen zu versorgen und schreibt mit diesem inzwischen schon an ihrem vierten Buch.

 **Kerstin Lüking.** Unsere Kerstin ist 24/7 ON FIRE. Kerstin ist unsere rasende Hebamme. Du möchtest wissen, was du tun kannst, wenn der Beckenboden sich wie Ü80 benimmt? Kerstin hat eine Antwort. *Keeerstin, was soll der gelbe Strich in meinem Auge?* Kerstin sagt dir, woran es liegen könnte und liefert dir das passende Mittelchen zur Bekämpfung mit. Natürlich ohne Gewähr und nicht ohne den Hinweis, im Zweifel den Arzt bzw. die Ärztin oder die Apotheke deines Vertrauens aufzusuchen. Interessanterweise gibt es fast nie Momente, in denen die Berlinerin keine Antwort hat. Kein Wunder, denn Kerstin hat als siebenfache Mutter nicht nur eine große Erfahrung rund ums Leben mit Kindern – sie hat sich als Hebamme ständig fortgebildet und deshalb auch passenden Rat in Sachen Homöopathie, Akupunktur, Pflanzenheilkunde und Co. Sie ist quasi unser Telefon-Joker, wenn wir nicht mehr weiterwissen.

 Spüre in dich hinein

Wir möchten mit dir direkt einsteigen und bitten dich: Höre mal in deinen Körper rein. – Hast du? Du spürst nichts? Hm. Dann noch mal. Fange am besten in deinen beiden großen Zehen an. Fühle die Füße, deine Unterschenkel, deine Oberschenkel, deinen Po. Dann den Bauch, deine Brust und weiter in deinen Kopf. Spüre dort erst dein Gesicht, dann deinen Hinterkopf und schließlich den Scheitel. – Wie lange hat das jetzt gedauert? Keine halbe Minute, stimmt's? Trotzdem machen wir Mamas das viel zu selten: in uns hineinhören, unseren Körper einfach mal durchchecken. Wie fühlt er sich an? Wie fühlen WIR uns an? Was braucht er? Was brauchen WIR?

Ein ganz wichtiger Punkt: Selbstfürsorge für den Körper. Wir „benutzen" ihn täglich, meist ohne Pause. Er funktioniert ja auch. Jammert nicht, motzt nicht, läuft. Bis er nicht mehr kann. Dann merken wir, dass wir schon viel zu lange Raubbau betrieben haben. Wir haben genommen, ohne etwas zurückzugeben. Ich kenne keine Mama, die nicht unter Nackenschmerzen leidet oder über lähmende Müdigkeit klagt, aber nachts nicht zur Ruhe findet, weil das Gedankenkarussell rast. Ganz zu schweigen von den Symptomen wie Kopf- und Rückenschmerzen und sogar Haarausfall. Und einem Blähbauch. Meist sind die Beschwerden Wehwechen, die eben da sind: *Geht schon wieder weg!* Keine Mama beklagt sich gerne. Dazu hat sie meist auch gar keine Zeit. Stattdessen: Business as usual. Das geht eine ganze Zeit lang gut so. Manchmal sogar auch ein ganzes Leben. Immer wieder mündet es aber auch in einem körperlichen und auch seelischen Burn-out. Aber STOPP! Wir kriegen im Leben keine Medaille fürs Durchhalten! Auch nicht für das Am-wenigsten-Klagen! Wir Mamas haben ein Recht auf Wohlbefinden. Genauso, wie unsere Kinder das Recht auf eine Mama haben, die sich wohlfühlt. Deshalb: Fange heute damit an, jeden Tag mindestens (!) einmal deinen Körper durchzuchecken! Und was ist, wenn irgendwo etwas komisch ist? Dann ist es höchste Zeit, genauer hinzuschauen, deinen Körper liebevoll zu betrachten und ihm Zeit zu schenken. Im folgenden Kapitel findest du mögliche Erklärungsansätze für deine Beschwerden sowie einfache und wirksame Erste-Hilfe-Maßnahmen.

BITTE SCHEUE DICH NICHT DAVOR, DIR HILFE ZU SUCHEN

Ein Anliegen habe ich noch: Hast du anhaltende Beschwerden, bitte scheue dich niemals davor, deinen Arzt bzw. deine Ärztin aufzusuchen! Manchmal braucht es eine körperliche Untersuchung, manchmal auch zusätzlich noch andere Kontrollen (z. B. von Blut, Urin oder Stuhl), um deine Symptome richtig einordnen zu können.

DEIN KÖRPER UND DU!

Da sagt es wieder jemand: „Gesundheit ist ein hohes Gut!"
Hast du auch Momente, in denen dir dieser Spruch
buchstäblich aus den Ohren herauskommt? Du weißt
natürlich, dass das stimmt, aber manchmal überfällt dich
dann doch diese innerliche Jaja-Blabla-Haltung! Und
natürlich nimmst du dir vor, dich um deine körperlichen
„Baustellen" zu kümmern und gleich morgen damit
anzufangen – doch dann kommt mal wieder was dazwischen.

Es gehen wieder Tage, Wochen und Monate ins Land – und du hängst immer noch beim guten Vorsatz fest. Das wollen wir jetzt mit dir gemeinsam ändern.

 ## Vier erste Schritte zu einem gesunden Körper

Dieses Kapitel ist quasi dein liebevoller Kick-in-the-Ass! Wir helfen dir dabei, verschiedene Alltagsprobleme rund um deinen Körper zu lösen, denn dein Körper wartet nicht auf dich. Du bist jetzt wichtig! Niemand dankt es dir, wenn du deine körperliche Gesundheit auf die lange Bank schiebst. Ja klar! Es ist schwierig, alte Gewohnheiten von einem Tag auf den anderen abzulegen. Und noch schwieriger, dann auch langfristig am Ball zu bleiben und sich regelmäßig Raum für die eigenen körperlichen Bedürfnisse zu nehmen. Wir glauben, dass körperliche Gesundheit im Kopf beginnt. Das heißt, dass du auch wirklich überzeugt davon sein musst, dass Veränderungen für dich nun wichtig sind. Du musst für dich selbst brennen oder – anders ausgedrückt – fühlen, wie wichtig es für dich ist, zu starten. Sage JA zu dir selbst und deiner Körpergesundheit. In vier ersten Schritten erzählen wir dir, wie das gelingen kann. Los geht's – für deinen Körper und für dich.

Schritt 1: Nimm dir nicht zu viel vor

Traum vs. Realität – das ist unserer Erfahrung nach oft ein Hindernis, die Dinge im eigenen Tempo anzugehen. Oft nehmen wir uns viel zu viel vor und setzen uns unrealistische Ziele rund um unsere körperliche Gesundheit. Das kennst du wahrscheinlich auch: Vielleicht hast auch du dir auch schon unzählige Male vorgenommen, z. B. gar keine Süßigkeiten mehr zu essen, die Chips aus deinem Einkaufswagen zu verbannen und stattdessen abends bei deiner Lieblingsserie ein Möhrchen zu knabbern oder maximal zwei Stück Schokolade zu lutschen. Das ziehst du dann auch eine Woche durch, bis dein Heißhunger aufgrund deines aktuellen Stresslevels im Familienalltag so hoch ist, dass du abends, wenn deine Kinder im Bett sind, noch einmal schnell zum Supermarkt rennst und die Tüte Gummibärchen schon direkt hinter der Kasse aufreißt und sie inhalierst. Vielleicht nimmst du dir auch ständig wieder vor, endlich mehr Sport zu machen und mal wieder so richtig ins Schwitzen zu kommen. Du buchst dich total motiviert bei diesem hippen Online-Fitnessstudio ein, gehst begeistert – und mit schönem Muskelkater danach – walken oder laufen. Vielleicht dehnst du dich aber auch gemeinsam mit dieser prominenten YouTube-Yoga-Koryphäe auf deinem Wohnzimmerteppich. Was auch immer es ist: Du hast Spaß, es tut dir gut. Und nun nimmst du dir vor, dein Programm mindestens vier Mal die Woche durchzuziehen. Du weißt aber innerlich jetzt schon, dass das zum Scheitern verurteilt ist. Eine Woche lang schaffst du das und dann war es das wieder. Wie so oft! Dein Familienalltag kam einfach dazwischen, du hattest einfach abends keine Kraft mehr oder

hast zwischen Job, Kuchenbacken für die Kita und Hausaufgaben-
betreuung kein neues Zeitfenster gefunden.

Weniger ist mehr

Vielleicht hast du auch gleich mehrere körperliche Dinge, um die
du dich unbedingt kümmern möchtest, z. B. deinen Beckenboden,
Nackenschmerzen oder auch diese üble Dauermüdigkeit. – Du weißt
aber vor lauter körperlichen „Baustellen" und sonstigen To-dos gar
nicht, womit du anfangen sollst. Das Ende vom Lied: Du lässt einfach direkt alles liegen. Weniger ist mehr! Nimm dir bitte nicht zu
viel vor und setze dir ganz realistische Ziele. Frage dich selbst: Was
schaffe ich wirklich in meinem Alltag? Wie viel? Und wann? Gleich
alle Süßigkeiten zu streichen – um bei dem oben genannten Beispiel
zu bleiben – das ist schon krass. Reduziere langsam. Ersetze lieber
Schritt für Schritt die Gummibärchen oder die Schokolade. Das gilt
auch für den Sport: Starte lieber drei Mal die Woche mit realistischen
20 Minuten anstatt vier Mal mit 60 Minuten – ausbauen kannst du
immer noch.

Schaue auf das Warum!

Und dann schaue gerne auch noch einmal auf diesen Aspekt: Machst
du es, weil du es gut findest und es wirklich möchtest? Oder spornt
dich das an bzw. fühlst du dich unter Druck, weil grad gefühlt dein
ganzes Umfeld von diesem einen Trend schwärmt und ihn scheinbar
mühelos im Alltag integrieren kann? Z. B. diese Endlich-zuckerfrei-
Challenges, die erst einmal Bewusstsein, Zeit und Anlauf brauchen.
Egal, was du tust: Mache es nur für dich und nur das, was dir selbst
guttut. Auch mit kleinen Schritten kommst du ans Ziel!

Schritt 2: Gib deinen Bedürfnissen Raum

Was braucht dein Körper genau? Was ist dir am wichtigsten? Nimm dir doch bitte mal eine halbe Stunde Zeit, setz dich in aller Ruhe – am besten ganz alleine, ohne Kinderlärm – an deinen Schreibtisch. Nimm dir einen Stift und einen Zettel und schreibe einfach mal runter, was dir rund um deine körperliche Gesundheit wichtig ist. *Was müsstest du mal machen? Was tut dir gut? Was möchtest du ändern? Wo bräuchtest du vielleicht sogar einen ärztlichen Rat oder professionelle Hilfe?* Habe bitte auch hier keine Angst. Für so viele Dinge gibt es eine Lösung – und besser etwas einmal zu viel checken als einmal zu wenig, das ist unsere Devise! Vielleicht formulierst du dazu auch einfach mal ganz genau, was du mit einem gesunden Körper assoziierst – wie z. B. schöne Haut, ausgewogene Ernährung oder fit sein – eben alles, was dir einfällt. Kreuz und quer. Und dann lass das mal kurz sacken, schau mit fünf Minuten Abstand wieder auf den Zettel – was springt dir nun als Erstes ins Auge? Um welche Sache möchtest du dich zuerst kümmern? Was hat oberste Priorität? – Höre in dich hinein, die Antwort wirst du höchstwahrscheinlich fühlen. Und lies auch noch einmal die Assoziationen durch, die du mit einem gesunden Körper in Verbindung gebracht hast – fokussiere dich auf deine Schlüsselbegriffe. Uns hat das dabei geholfen, uns auf das zu konzentrieren, was wir brauchen – und im zweiten Schritt dann auch genau DAS anzugehen.

Schritt 3: Kreiere eine To-do-Liste für deinen Körper

Vielleicht denkst du jetzt: noch eine To-do-Liste? Oh no! Bitte nicht! Stimmt, unsere mütterlichen Listen geraten gerne mal außer Kontrolle. Oft kommt noch ein Punkt und noch einer obendrauf – meist obwohl wir die alten Aufgaben noch gar nicht abgehakt haben und auch nicht wissen, wann wir das jemals tun sollten! Hinzu kommen ja noch die Dinge, auf die wir per se schon keinen Bock haben. Das sind dann Dinge, die anstrengend oder unsexy sind, und uns trotz allem ein schlechtes Gewissen einflößen, weil sie eben eigentlich erledigt werden müssen – wie z. B. der Anruf beim Versicherungsmakler. Das sind To-dos, die wir manchmal schier unendlich aufschieben, bis sie einstauben und sich (hoffentlich) gar von selbst erledigt haben.

Trotz allem bitten wir dich jetzt, eine To-do-Liste für deine körperlichen Bedürfnisse zu machen. Wir wetten, dass du eh schon eine Liste hast, auf der viele Bedürfnisse anderer, wie deiner Familie, aufgeschrieben sind, z. B. *Deko für den Kindergeburtstag besorgen*, *Tante Irmgard anrufen*, *Blumen für Mama kaufen* oder *Arzttermin für meinen Schatz machen*. Und nun kommt eben noch deine extra Körper-To-do-Liste nur für dich dazu. Hier schreibst du jetzt die Dinge auf, die du für dich formuliert hast, die du am dringendsten brauchst oder umsetzen möchtest. Sortiere sie nach Priorität und kennzeichne sie jeweils mit Sternchen. Ein * bedeutet, dass du das jetzt sofort tun musst, zwei **, dass du es zeitnah umsetzen möchtest und drei ***, dass es ein Körpergesundheitsziel für die nächste Zeit ist, das aber noch ein bisschen Aufschub braucht, weil du nicht alles auf einmal schaffst.

Schaffe dir fest eingeplante Zeitfenster:
Nimm nun deinen Kalender zur Hand und verschaffe dir wöchentliche Freiräume für dich und deine Körper-To-do-Liste, z. B. immer Dienstag- und Samstagabend für Bewegung an der frischen Luft. Du blockst dir deine persönliche Körperzeit – und hast damit schon viel gewonnen!

Schritt 4: Pinne dir gute Gedanken an die Wand

Ich kümmere mich ab jetzt liebevoll um meinen Körper! Wie wäre es, wenn du dir diesen Satz zusätzlich auf einen kleinen Notizzettel schreibst und ihn dort hinhängst, wo du ihn täglich garantiert liest, an deinen Kleiderschrank, die Küchenpinnwand oder den Badezimmerspiegel – als Reminder für deine Körpergesundheit!

SEI SANFT MIT DIR SELBST

Eine Sache ist uns wichtig zu betonen: Bitte verzweifle nicht, falls du nicht gleich alles umsetzen kannst, was du dir vorgenommen hast. Wichtig ist erst einmal, dass du mental bereit für Veränderungen bist und die Dinge dann auch wirklich angehst. Gehe dann Schritt für Schritt und sei sanft mit dir selbst. Du bist ein Mensch und kein Roboter.

Fünf Tipps für einen gesunden und fitten Körper

Wir sind der Meinung: Auch viele kleine Schritte führen zur Erfüllung der Gleichung starker Körper = starke Mama. Und wir fangen ganz easy für dich an. Mit Lösungen für fünf Problemklassiker, die sicherlich nicht nur du kennst, sondern auch sämtliche Mütter um dich herum. Eben genau diese Dinge, über die wir hier schon gesprochen haben – die auch wir uns täglich vornehmen und die dann doch allzu schnell wieder im Gedankenwirrwarr des Alltags verschwinden, wenn wir nicht auf uns aufpassen. Die aber im Hintergrund ständig arbeiten und mal leiser, mal lauter maunzen und dir damit verklickern: *Fange bald an!* Wir sagen dir jetzt, wie du starten kannst und in die Umsetzung kommst.

Tipp 1: Schlaf, Mama, schlaf – und tanke Kraft!

Diese Nummer mit der Müdigkeit scheint nie ein Ende zu nehmen. Entwicklungsphase für Entwicklungsphase gibt es Gründe, warum Schlaf für uns Eltern Mangelware ist. Das Baby brauchte dich, die elterliche Besucherritze war belegt oder du hast dir Gedanken über deine pubertierende Tochter gemacht – und hattest die Augen daher offen statt zu. Dieser wohlverdiente und geruhsame Schlaf – der ist gefühlte Lichtjahre her. Seitdem du Mama bist, wachst du morgens viel zu oft zerknittert, völlig erledigt oder vielleicht sogar muffelig auf. Entweder hat dich dein Wecker zu früh geweckt, weil der Alltag rief – oder dein Kind hat dich aus den Federn geholt. Das ist tierisch anstrengend. Schlafenzug ist auf Dauer Folter für Körper und Seele. Nimmst du dir jeden Tag vor, früher ins Bett zu gehen, und es klappt einfach nicht? Stattdessen guckst du zum Abschalten deine Lieblingsserie oder scrollst hundemüde durchs Internet. Vielleicht räumst du abends auch lieber in Ruhe auf, um den nächsten Tag entspannt einläuten zu können oder telefonierst endlich mit deiner besten Freundin. Dinge, die du wahrscheinlich brauchst. Und trotz allem empfehlen wir dir für deine langfristige Kraft und Energie: Gehe eine Zeit lang früher ins Bett.

So gehst du leichter ins Bett

Wie müde bist du? Wie gut kannst du dich tagsüber konzentrieren? Wie ist deine Laune? Wie viel Kraft hast du für Sport? Super müde geht ja oft gar nichts, und die Unzufriedenheit wird immer größer, je weiter du deinen Schlaf aufschiebst. Versuche doch einfach mal, jeden Abend eine halbe Stunde früher ins Bett zu gehen – komme, was wolle! Wahrscheinlich fühlst du dich schon nach ein paar Tagen besser! Vielleicht denkst du nun: Das habe ich schon so oft versucht, das geht nicht. Dann probiere es mit folgenden Tricks:

1. **Stelle dir zwei Zu-Bett-geh-Wecker:** Du möchtest um halb zehn das Licht ausmachen? Dann stelle deinen Wecker auf neun Uhr – dann hast du noch eine halbe Stunde Zeit, um dich selbst runterzufahren. Als Geräusch bietet sich hier ein Gong mehr an als ein schrilles Klingeln – weil er sanft ist. Und dann stelle dir noch einen zweiten Wecker, bei dessen Gong du auch definitiv das Licht ausmachst.

2. **Lüfte gut durch:** Probiere es doch mal mit einer kleinen Brise. Frische Luft tut gut und bietet sich – so wie der Wecker – gut als Ritual an, um wirklich ins Bett zu gehen und die Augen zuzumachen.

3. **Lies oder hör was Schönes:** Um abends runterzufahren, eignen sich auch schöne oder informative Geschichten in Form eines Buches, eines Podcasts (wie wäre es z. B. mit „gusch, baby", dem von „Das gewünschteste Wunschkind" oder „HEY Familie", unserem Podcast bei dm glückskind?) oder eines Hörbuchs. Auch hier gilt: Fange rechtzeitig an zu lesen oder zu hören und beschränke dich auf ein bis höchstens drei Kapitel, so toll die Geschichte vielleicht auch ist.

4. **Führe Tagebuch:** Wann hast du das letzte Mal in (d)ein Tagebuch geschrieben? Wie wäre es, wenn du abends aufschreibst, wie dein Tag war und gleich gute Gedanken für den nächsten notierst?

5. **Meditiere:** Um den Geist runterzufahren, eignet sich auch eine Meditations-App. Selbst wenn es nur fünf Minuten sind, die du mit Vogelgezwitscher und Co. entspannst – sie können den Startschuss für die Bettruhe geben.

NUTZE DIE EINSCHLAFBEGLEITUNG FÜR DICH

Gerade mit kleinen Kindern, denen das Einschlafen noch schwerfällt oder wenn die Einschlafbegleitung (auch bei größeren Kindern) mal wieder länger dauert, kann es phasenweise für dich schwierig sein, früher ins Bett zu kommen. Trotz allem raten wir dir: Verzage nicht und nutze auch die Zeit als Ruhephase, in der du vor dem Kinderbett sitzt und (vielleicht) Händchen hältst. Mache doch gerade in dieser Zeit mal die Augen zu und entspanne dich mit einer einfachen Atemmeditation. Versuche bewusst, sämtlichen Druck mit deiner Atmung loszulassen.

Nimm dir Zeit am Wochenende

Wenn du unter der Woche abends nicht früher ins Bett kommst, dann versuche, dir am Wochenende Zeit zu nehmen, um dich zu erholen. Bitte deine*n Partner*in, dich einen oder auch mal zwei Tage ausschlafen zu lassen. Falls du alleinerziehend bist, könntest du dein*e Kind*er auch zu den Großeltern geben oder eine Freundin bitten, für zwei Stunden zum Aufpassen einzuspringen. Wahlweise kannst du deine Familie auch auf einen Ausflug schicken.

Nutze diese Zeit für einen kleinen Schlaf oder, falls du partout nicht einschlafen kannst, um dich auszuruhen – und bitte nicht, um aufzuräumen, zu putzen, einzukaufen oder ein anderes To-do abzuhaken. Vielleicht packst du den Schlaf auch jetzt direkt auf deine Bedürfnisliste und trägst ihn in deinen Kalender ein. Und sprich am besten gleich mit deinem Partner bzw. deiner Partnerin darüber oder organisiere die Betreuung durch Verwandtschaft oder Bekanntschaft. Mit mehr Schlaf hast du nicht nur mehr Kraft – außerdem kann dein Gehirn abschalten. Am Ende bist du nicht nur klarer im Kopf, sondern hast mehr Motivation, bist gelassener und effektiver. Klingt das nicht gut?!

Manchmal kommt es, wie es kommen muss: Dein*e Partner*in lässt dich schlafen, du hast aber die Rechnung ohne deinen „Biowecker" gemacht. Gerade kleineren Kindern fällt es oft schwer, Mama schlafen zu lassen. Sie folgen ihrem Instinkt und möchten in Mamas Arm. Das ist schön, aber ... Ausschlafen fällt dann flach. Hmpf. Und nun?

1. **Beschäftigung, please!** Bitte deine*n Partner*in am Wochenende, euer Kind bzw. eure Kinder gleich morgens zu beschäftigen. Wie wäre es, wenn sie gemeinsam Brötchen holen oder eine Runde auf dem Spielplatz drehen?

2. **Wie wäre es mit einem Wochenend-Goodie?** Z. B. einem Hörspiel, das nur samstags rausgeholt wird. Das eignet sich nicht nur, um dich, sondern auch um deine*n Partner*in ausschlafen zu lassen. Vielleicht habt ihr auch die Chance, eine Geschichte als Sprachmemo ins Handy einzusprechen, die die Kinder in dieser Zeit

hören können. Du kannst die Augen noch mal zumachen und der Rest bekommt was Schönes von Mama oder Papa auf die Ohren.

3. **Bastelt ein Schlafschild:** Ihr könnt auch gemeinsam ein Schild für die Schlafzimmertür basteln: Zeichnet auf die eine Seite eine schlafende Mama und auf die andere eine wache Mama. Dreht es, wenn du ausschlafen möchtest, so, dass die Schlaf-Seite sichtbar ist. Und umgekehrt könnt ihr das genauso für den Papa machen.

BLEIBE ENTSPANNT, WENN ES (NOCH) NICHT KLAPPT

Das Leben verläuft nicht stromlinienförmig, vor allem das Familienleben kann sehr turbulent sein. Manchmal ist es zum Verrücktwerden – egal, was du auch anstellst, du kommst trotz aller Versuche nicht früher ins Bett oder kannst nicht so lange ausschlafen, wie du es eigentlich möchtest (oder es dir vorgenommen hast). Bitte versuche, entspannt zu bleiben, wenn es nicht gleich regelmäßig klappt, und probiere es einfach weiter. Schon alleine dadurch, dass du dich und deine Bedürfnisse in den Fokus rückst, gewinnst du etwas: die Erkenntnis, dass du extrem wichtig bist.

Tipp 2: Endlich mehr frische Luft – so geht's easy!

Unseren Kindern geben wir diese Info doch quasi mit der Muttermilch oder dem Milchfläschchen mit auf den Weg: Wir müssen an die frische Luft, Kind! Das tut gut, ist gesund und sooo wichtig! Also gehen wir spazieren: mit Kinderwagen, Tragehilfe, Karre, mit dem Laufrad. Wir sind also als Familie an der frischen Luft. Und was ist mir dir? Wir wollen dir ein bisschen auf den Zahn fühlen. Gehst du selbst viel zu Fuß? Spazierst du auch mal alleine – selbst wenn das Wetter schlecht ist? Andersherum gefragt: Wenn du in einem Zeitfenster für dich die Wahl hast zwischen eben schnell die Grundordnung herstellen und entspannt alleine spazieren gehen. Was machst

du dann? Wir tippen auf … Ordnung machen … und falls dann noch
ein bisschen Zeit ist: durchs Internet geistern. Na, erwischt?

Die positiven Effekte des Spazierengehens

Weißt du, was selbst unsere Doro – Typ Stubenhocker – regelmäßig
hat losgehen lassen? Die Info, dass Spazierengehen gleich mehrere
gute Effekte hat: So hat eine europaweite Studie (Ulf Ekelund: Physi-
cal activity and all-cause mortality across levels of overall and abdo-
minal adiposity in European men and women: the European Pros-
pective Investigation into Cancer and Nutrition Study (EPIC). In: The
American Journal of Clinical Nutrition, 2015.) unter 340 000 Männern und Frauen ergeben, dass schon geringfügige körperliche Bewegung das Risiko mindern kann, an einem frühzeitigen Tod zu sterben.
Und zwar um ganze 16 bis 30 Prozent. Knaller, oder?

Dazu soll sich Spazierengehen positiv auf unsere Stimmung auswirken. Das kennst du wahrscheinlich auch von dir, z. B. wenn du
wütend bist. Sicherlich hast du dich auch schon mal sagen hören *ICH
MUSS JETZT AN DIE FRISCHE LUFT, MICH NERVT DAS!* – und bist
dann drei Schritte um den Block gegangen, hast geschnaubt, wieder
geatmet, dich beruhigt. Und wahrscheinlich hast du dich am Ende viel
befreiter gefühlt. Ja, Luft tut einfach gut. Und interessanterweise soll
vor allem der Spaziergang im Wald entspannen und Stress abbauen.
Das Grün hat merklichen Einfluss auf unsere Abwehrkräfte, sagen die
Forscher. Laut einer japanischen Studie (Q Li et al.: Forest bathing
enhances human natural killer activity and expression of anti-cancer
proteins. In: International Journal of immunopathology and pharma-
cology, Apr-Jun 2007.) sollen ausgedehnte Runden im Wald unsere
natürliche Anzahl an Killerzellen erhöhen, damit unser Immunsystem pushen und uns vor unliebsamen Angreifern wie Bakterien oder
Viren schützen. Wahnsinn, oder? Wir verraten dir nun, wie du auch
wirklich losgehst:

1. **Nimm dir Zeit.** Gönne dir drei Mal die Woche zwanzig Minuten Zeit zum Spazierengehen und nutze sie für deine ganz persönliche Entspannung und Gesundheit! Du kannst beispielsweise kürzere Wege, für die du sonst das Auto nimmst, einfach zu Fuß erledigen.

2. **Trage Spaziergänge in den Kalender ein.** Plane Spazierzeiten mit deinen Kindern und auch ohne sie ein. Halte diese in deinem Kalender fest und gehe einfach los, ohne nachzudenken – lass, wenn es irgendwie geht, bitte alles stehen und liegen.

3. **Schreibe dir die positiven Effekte auf.** Überlege dir vorher, was du tun wirst, wenn altbekannte Ausreden kommen. Unser Vorschlag lautet: Schreibe dir einen Zettel, auf dem nicht nur die positiven Effekte des Spazierengehens stehen (mehr Natur, mehr Sauerstoff, mehr Bewegung), sondern auch deine persönliche Motivation: Ich gehe spazieren, weil … Nimm diesen Zettel in die Hand, lächle und rufe: Tschakka! Ich tue das jetzt für mich!

4. **Verbinde das Spazierengehen mit einer Aktion.** Wann hast du das letzte Mal jemandem, den du gerne hast, eine Postkarte in den Briefkasten geworfen? Oder wann bist du alleine in den Wald, an den See oder an den Strand gegangen, hast das Leben eingeatmet, ein Foto gemacht und das deinen Liebsten geschickt? Einfach so, weil du an sie in einem schönen ruhigen Moment gedacht hast. Suche dir deine Aktion und verbinde sie mit einem Spaziergang.

5. **Suche dir eine*n Motivator*in.** Wie wäre es, wenn du dein*e Partner*in als Motivator*in ins Boot holst und darum bittest, dir in den Momenten, in denen du zu müde bist und einfach nicht losgehen magst, einen liebevollen Push zu geben? So nach dem Motto: *Schatz, du weißt, wie gut es dir danach geht. Komm, los geht's!* Besprecht das doch einfach mal in Ruhe! Alternativ kannst du auch eine*n Freund*in einweihen und ihn*sie dann bei faulen Ausreden als Telefonjoker buchen, damit er*sie dich im entscheidenden Augenblick motiviert – oder im Zweifel sogar mitkommt.

SPAZIEREN IST DAS NEUE SITZEN

Apropos mitkommen: Wie wäre es, wenn du dich fest mit einer Freundin oder einem Freund zum gemeinsamen Spazieren verabredest? Ihr könnt ja auch einfach mal beim Gehen einen Latte Macchiato trinken, statt dabei im Café zu sitzen. – Ihr nehmt euch einfach Kaffee und Kuchen (in Mehrwegbehältern) mit, spaziert ein bisschen und setzt euch dann auf eine Parkbank.

Eine ganz neue Erfahrung ist auch, ein klärendes Gespräch mit dem Partner oder der Partnerin beim Spazierengehen zu führen. An der frischen Luft könnt ihr euch gut Luft machen.

Tipp 3: So machst du mehr Sport

Nö, keinen Bock! Boah, nee, ich bin heute echt zu müde. Keine Zeit, ich muss noch die Küche aufräumen, dann ist ja auch schon Abend! – Die Ausreden-Palette kann echt bunt sein, wenn es darum geht, sich endlich mal Zeit für Sport zu nehmen. Und haben wir es ein, zwei Mal geschafft, kommt ja gerne irgendetwas dazwischen: Kind krank, selbst krank, ein bisschen Halskratzen, zu müde, zu hungrig, viel zu anstrengend, endlich Zeit für die super Serie. – Das kennst du auch, oder? Je weniger Bewegung wir in den Alltag integrieren (können), desto schwieriger wird es, wieder in den Tritt zu kommen. Die mentale Gymnastik auf der Couch – schon schweißtreibend genug. Via Instagram Stories anderen Müttern bei der aktuellen #plankchallenge zuschauen – das Höchste der Gefühle. Und dabei weißt du ja selbst, wie wichtig Bewegung ist und wie gut dir Sport tut. Wir möchten mit dir weg von der Aufschieberitis und hin zu deiner täglichen Dosis Bewegung. Nicht „nur" mit Spaziergängen, du darfst auch regelmäßig ins Schwitzen kommen.

Erinnere dich an dein gutes Sportgefühl!

Kennst du dieses Glücksgefühl, wenn du keuchend und grinsend am Boden liegst und stolz bist, weil du den Step-Aerobic-Kurs durchgezogen hast, obwohl du zwischendrin dachtest, du musst spucken oder einfach direkt umfallen? Oder dieses glückliche Schnaufen, nachdem du etliche Bahnen im Freibad gezogen hast? Vielleicht bist du die Tänzerin, die Kraft bei guter Musik und Bewegung tankt? Oder die Yogini, für die Stretching und Atmung das Nonplusultra ist? Welche Bewegung auch immer DEINE ist: Erinnere dich an dein Sportgefühl, an dein Lachen, an die neu getankte Kraft danach! Und wähle die Sportart, die dir guttut.

Denke nicht nach, fange an!

Mache dir den Anfang leicht und schreibe „Bewegung" auf deine To-do-Liste. Plane feste Termine und trage sie in deinen Kalender ein. Und wenn die Zeit gekommen ist, denk nicht lange nach, sondern fange einfach an. Sportsachen anziehen und los geht's. Du kannst nur gewinnen – und strahlen!

STARTE TROTZ ALLEM LANGSAM

Wenn du gerne walken gehen möchtest, dann plane erst einmal eine kurze Strecke ein. Du kannst ja nach und nach verlängern. Genau das betrifft auch das Joggen – hier gilt es, sanft zu starten, z. B. in Intervallen: zwei Minuten laufen, zwei Minuten gehen, zwei Minuten laufen, zwei Minuten gehen usw. Wichtig ist, dass du dich nicht überforderst. Das kann demotivieren. Dazu solltest du auch auf die Stopp-Signale deines Körpers hören und bei gesundheitlichen Beschwerden vorher den Rat deines Arztes oder deiner Ärztin einholen.

Hole dir schnell den nächsten Kick!

Dein Training tat dir richtig gut? Das ist toll! Deshalb raten wir dir: Mache einen Tag oder zwei Tage Pause und dann gleich weiter. Bleibe in Bewegung. Ziehe das vier Wochen lang durch und du wirst mit einem Lächeln deine stinkigen Sportklamotten in die Wäsche schmeißen und beseelt unter die Dusche gehen.

Verabrede dich mit jemandem!

Gemeinsam macht es oft mehr Spaß. Hast du einen Freund oder eine Freundin, der bzw. die auch mehr machen möchte? Vielleicht ist das ja der Anlass, um gemeinsam zu starten. Ihr könnt euch gegenseitig motivieren. Denn mal ehrlich: Verabredungen mit jemand anderem sind schon eine andere Nummer als eine Verabredung mit dir selbst, oder? Bei der Trainingspartnerin bzw. dem Trainingspartner anzurufen und zu sagen: *Du, ich mag heute nicht, weil ...* oder *Ich kann nicht, weil ...* und sich im Zweifel für „zu müde" rechtfertigen zu müssen, ist oft eine größere Überwindung, als einfach Sport zu machen. Und dazu ist es doch gleich doppelt schön, wenn ihr gemeinsam eure Ziele erreicht und euch zusammen freuen könnt, z.B. wenn ihr vier Wochen durchgehalten habt oder endlich zwei Kilometer am Stück gejoggt seid.

Investiere in dich!

Nichts nervt mehr als durchsiebte Leggings oder T-Shirts, die beginnen, nach der ersten Schweißperle unter der Achsel zu stinken. Deshalb raten wir dir: Investiere in neue Sportkleidung. Damit meinen wir nicht die superteure Yoga-Hose. Du kannst auch gebraucht schöne, fast neue Teile bekommen. Wir raten dir auch dazu, dir gleich eine Zehnerkarte für deinen Sportkurs zu kaufen oder, wenn es finanziell geht, eine längerfristige Mitgliedschaft in einem Sportverein abzuschließen. Das erhöht den Druck, auch wirklich hinzugehen, weil du schon bezahlt hast bzw. monatlich bezahlst.

VERSUCH'S DOCH MAL MIT YOGA

Yoga ist gefühlt überall: Egal, ob Influencer*in, YouTuber*in oder Promi – gefühlt macht jede*r Yoga oder bewirbt hübsche Yoga-Produkte. Laut einer Studie des BDY (Berufsverband der Yogalehrenden in Deutschland e. V.) haben alleine 2018 ca. 3,4 Millionen Deutsche Yoga geübt. Die Zahl derer, die bereits Yoga-Erfahrungen gemacht haben, lag sogar noch deutlich höher. Rund um den Erdball finden immer mehr Menschen Gefallen an der indischen Lehre für Körper, Geist und Seele. Yoga tut – richtig praktiziert und je nach Stil – nicht nur sehr gut, Yoga kann auch ziemlich viel: macht dich fit, lässt dich abschalten, entspannt dich und gibt dir Energie. Klingt erst einmal nach einer eierlegenden Wollmilchsau, aber tatsächlich ist inzwischen wissenschaftlich bewiesen, dass die Kombination aus Atem, Kraft, Stretching und Konzentration unglaublich effektiv sein kann, z. B. als Therapie von Stresssymptomen. – Yoga wirkt sich unter anderem positiv auf die Gesundheit von Herz und Kreislauf aus. Zudem kann Yoga vielversprechend bei chronischen Schmerzsyndromen sein. Und da kommen wir Mütter ins Spiel: Hast oder hattest du vielleicht auch nach dem vielen Tragen, Stillen und Heben Rücken-, Kopf- oder Nackenschmerzen? Tun dir deine Muskeln immer mal wieder weh? Fühlst du dich verspannt? Wir raten dir: *Give it a try*! Es gibt verschiedene Yoga-Stile – von entspannt bis sportlich. Suche dir den zu dir passenden raus und schaue dir auch die Lehrerin oder den Lehrer genau an. Unserer Erfahrung nach turnen die guten nicht einfach nur vor, sondern raten dazu, nicht über die eigenen Grenzen zu gehen und korrigieren ihre Schüler sanft. Namaste!

Tipp 4: So isst du weniger Süßigkeiten!

Zucker ist ziemlich gut vergleichbar mit einem unerfüllenden Quickie mit der frischen Diskobekanntschaft. Erst der Lustschrei, dann die kurze Befriedigung. Was nach beidem oft bleibt? – Die Ernüchterung, ein komisches Gefühl, das schlechte Gewissen oder Bauchweh. Mit Gummiteddys oder Schokolade kann es sich ähnlich verhalten. Sie geben dir erst einmal gute Laune und Kraft. Raus aus dem Tief, rein ins Hochgefühl. Doch der Schein trügt! Vielleicht hast du das auch schon an deinem Kind beobachtet. Es hat totalen Bock aufs Eis, das Genörgel ist groß. Hat es das Eis in der Hand, strahlt es und fordert schon beim ersten Bissen MEHR ein – und keine halbe Stunde später kommt es gerne so: Tränen statt Glück, Geschrei statt guter Laune. Die Zucker-Euphorie war von kurzer Dauer. Zucker macht etwas mit uns und unserem Gehirn – das ist dir sicherlich nicht neu. Du möchtest deshalb weniger Süßigkeiten essen? Dann probiere es doch mal mit den folgenden Tipps.

Trinke erst einmal ein Glas Wasser. Es kann den Heißhunger auf Süßigkeiten förmlich runterspülen. Trinke zunächst Wasser, wenn dein Gehirn nach Süßigkeiten schreit, und dein Bauch ist zunächst gefüllt.

WIR SIND KEINE MORALAPOSTEL

Wir möchten keinen Zeigefinger erheben. Wir alle haben sicherlich schon hinter dem Rücken der Kinder schnell den Schrank aufgemacht und heimlich Süßigkeiten gegessen. Und uns geht es auch nicht darum, Süßigkeiten zu verteufeln. Wir möchten dich unterstützen, wenn du dir wünschst, weniger Süßes zu essen, und es bisher nicht geschafft hast.

Kaufe doch mal die Alternative ein. Klingt ein bisschen wie der Rat der eigenen Mutter – ein wenig abgedroschen, aber er stimmt. Nimm dir bewusst vor, deine Lieblingssüßigkeiten einfach mal nicht einzukaufen und bitte auch deine*n Partner*in aktiv darum: *Auch wenn ich noch so jammere – höre bitte nicht auf mich! Kaufe bitte nur die Alternative für mich ein!* Eine Alternative sind z. B. Nüsse oder Rosinen. Das Knabbern beruhigt und die bunten Mischungen stillen den ersten Heißhunger. Nüsse sind übrigens u. a. reich an Vitamin B, Kalzium, Magnesium, Eiweiß und gut für deine Nerven.

Dunkle Schokolade oder selbst gemachte Gemüsechips helfen gegen Maßlosigkeit. Und wenn alles nichts nützt, versuche es doch einmal mit dunkler Schokolade (mindestens 70 % Kakaoanteil) oder Gemüsechips. Vielleicht magst du beides eigentlich gar nicht, sondern stehst mehr auf die fancy Knusper-Schoki oder schnöde Vollmilchtafeln. Vielleicht isst du auch einfach gerne Paprika-Chips oder die mit Sour Cream. Probiere trotzdem mal – je nach Appetit – Folgendes aus: Nimm richtig dunkle (Bio-)Schokolade mit einem hohen Kakao-Anteil und dann kaue mal nicht, sondern lutsche dein Stückchen, auch wenn es dir möglicherweise zunächst schwerfällt. Vielleicht stellst du fest, dass du deinen Heißhunger auf diese Art befriedigst. Und wenn du auch so eine „Chips-Nudel" bist, dann versuche es doch mal mit selbst gemachten Gemüsechips aus dem Backofen. So kannst du selbst bestimmen, was hineinkommt. Rezepte für Gemüsechips gibt es unzählige im Netz. Wir möchten dir an dieser Stelle nur (ungespritztes) Bio-Gemüse empfehlen. Taste dich einfach ran und sei offen für Neues!

Zähne putzen hilft auch. Du möchtest verhindern, dass du abends noch naschst? Dann putze dir doch einfach um 20 Uhr (oder früher) die Zähne. Zahnpasta- und Chips-Geschmack beißen sich!

Tipp 5: Gesunde Mahlzeiten mit wenig Zeit – so klappt's!

Oft muss es in Familien ja schnell gehen. Wir jonglieren mit unseren verschiedenen Rollen: Mama, Partnerin, Berufstätige, Hausfrau … Essen ist da oft ein notwendiges Übel. Etwas, das vielleicht auch bei dir z. B. mittags nur zwischen Tür und Angel stattfindet und gerne zur Nebensache wird. Es darf jedoch gleichzeitig leicht und gesund sein! Unser Tipp: Sorge für dich, wie du für dein Kind sorgst! Bereite den Salat für den nächsten Tag vor und koche auch schon vorab deine Nudelsoße mit viel Gemüse oder schnipple dir deine Portion Gemüse am Vorabend.

So eine Planung hilft auch uns, damit wir eben nicht mit hungrigem Bauch um 13 Uhr zur schnellen Fertigpizza greifen. Apropos ungesund: Versuche es doch auch mal mit andere Nudelvarianten, z. B. mit Linsennudeln, Zucchininudeln (selbst geschnitten aus Zucchinis) oder eben mit Vollkornnudeln statt mit hellen Nudeln. Die legen wir dir sowieso ans Herz, da sie im Gegensatz zu den Weißmehl-Varianten eher satt machen und mehr Nährstoffe haben.

QUARK-DIP & CO. UNSERE SCHNELLEN REZEPTE FÜR DICH

1. Quark-Dip mit Gemüsesticks ist ganz easy gemacht: Fülle rund 250 bis 300 g (Bio-)Quark in eine Schüssel, gib einen Schuss Mineralwasser dazu, damit er gut quillt. Dann kannst du ihn – je nach deinem Geschmack – mit Salz, Pfeffer, ein paar frischen Kräutern oder vielleicht einem Schuss Balsamico-Essig verfeinern. Zack! Fertig! #Doro
2. Das gesunde Frühstück oder der Vitaminkick für zwischendurch ist ein Beeren-Smoothie! Ganz leicht gemacht und echt lecker: Nimm deine Lieblingsbeeren (z. B. Himbeeren, Heidelbeeren, Erdbeeren), püriere sie in 250 g ungesüßtem Naturjoghurt und gib noch einen Teelöffel Honig dazu. Richtig gut! #Judith
3. Warmes Ofengemüse: Schneide Paprika, Aubergine und Zucchini in Streifen, gib alles in eine Auflaufform, salze und pfeffere es gut und gibt etwas Olivenöl darüber. Bei 200 °C im Backofen auf Heißluft/Grill eingestellt für ca. 15 bis 20 Minuten garen. Koche in der Zwischenzeit eine Tasse Reis und gib das fertige Ofengemüse darüber. Das ist lecker und macht pappsatt! #Kerstin

Ganz wichtig: Setze dich doch mal während der Mahlzeiten hin und iss langsam, auch wenn dein Alltag turbulent ist. Fast Food ist out, langsames Essen in. Das hat unter anderem auch den Effekt, dass du besser verdaust, weil du mehr Speichel produzierst und weniger Luft schluckst. Wenn du dir Zeit nimmst, merkst du, wann du satt bist und isst nicht mehr als nötig. Und dazu kann sich der Geschmack besser entfalten, wenn du das Essen länger im Mund behältst.

**TV-Moderatorin und Bestseller-Autorin Anna Funck
mit ihren gesunden Alltagstipps!**

„Ich denke, wir essen sonst viel zu viel Chemie und die macht Probleme. Nicht nur stoffwechseltechnisch, auch hormonell."

Bestseller-Autorin Anna Funck hat sich mit dem Thema
„gesunde Ernährung & Ernährungsmythen" auseinandergesetzt.
Im Interview erklärt sie dir, was ihrer Meinung nach wirklich hilft.

Liebe Anna, welchen Stellenwert hat das Thema „Ernährung" in deinem Leben? Und welche Effekte hat sie am Ende auf deine Gesundheit?

Du bist, was du isst. Ich weiß, der Spruch ist nicht neu, aber so einfach ist es. Ich habe irgendwann alles einmal auf links gedreht und stellte fix fest: Ich nehme ab, meine Haut wird schöner, ich schlafe besser. Und das alles ohne Sport. 80 Prozent ist Ernährung, wenn man fit, gesund und hübsch sein möchte. Und das ist ja nie verkehrt.

Wie sieht dein gesunder Alltag denn genau aus, sprich: Was trinkst du und was isst du täglich?

Momentan habe ich gerade eine faule Phase, aber die erlaube ich mir, weil ich nichts von Verboten halte. Dann will man ja nur noch mehr. Insofern: Momentan esse ich gerade Vollmilchschokolade. Meine Belohnung in Stress- und Schlafmangelphasen. Wenn ich mich dann irgendwann wieder zusammenreiße, tausche ich die gegen Bitterschokolade mit Amaranth. Wichtig: immer Bio essen. Alles andere ist meistens gepanscht mit Minderwertigem und das macht nur dick und bringt den Stoffwechsel ins Schleudern. Ansonsten trinke ich morgens den Beauty-Booster schlechthin: Selleriesaft pur. Nüchtern. Noch vor dem ersten Bio-Kaffee. Oder ich mache mir einen Smoothie. Das ist in der Woche mein Frühstück. Gluten macht mich nämlich meistens nur müde und dafür habe ich mit drei Kindern und Buchprojekten und Haushalt keine Zeit. Zwischen den Mahlzeiten trinke ich grünen Tee und ein paar Esslöffel naturtrüben Bio-Apfelessig in Mineralwasser mit ein paar Spritzern Zitrone. Hilft gegen Bakterien, Viren und knabbert das Fett an. Ansonsten esse ich alles, was ich will, aber es muss rein sein. Wenn es Chips sein müssen, dann esse ich Kichererbsen- oder Bohnenchips ohne Zusatzstoffe. Und ich warte zwischen den Snacks mindestens zwei Stunden bis sich das nächste Kohlenhydrat anpirscht. Milch- und Sahneprodukte gibt es bei uns gar nicht und nur gute Fette. Wir bezeichnen uns als regelrechte Bio-Junkies. Ich denke, wir essen sonst viel zu viel Chemie und die macht Probleme. Nicht nur stoffwechseltechnisch, auch hormonell. Hat nicht jede von uns diese Freundin, die jammert, dass sie nicht mehr abnehmen kann? Ich sage dann immer: Schau, was du isst ...

Du bist ja unter anderem ein großer Fan von Apfelessig und auch von Mikronährstoffen – warum hältst du beides für sinnvoll?

Apfelessig ist einfach gesund und günstig und ein Geheimtipp aus der Volksmedizin, der in Vergessenheit geraten ist. Ich kenne niemanden, der nicht süchtig danach geworden ist und sofort tolle Resultate festgestellt hat. Mikronährstoffe sind etwas teurer, aber auch da merke ich, dass ich mich deutlich besser fühle. Plus: Wer isst schon täglich fünf Hände voll Obst und Gemüse? Ich schaffe das nicht. Du? Dann gleiche ich das Ganze eben so aus. Ich nehme Vitamine, Phenole, Mineralstoffe und stelle fest: Ich habe mehr Energie und bin fast nie krank.

Du hast ja sogar einen Bestseller zum Thema „Ernährung" geschrieben. Ein Jahr lang hast du dich durch verschiedenste Trends getestet. Was hat sich als Quatsch entpuppt und was als Überraschung?

Richtig albern sind für mich diese ganzen Anti-Kohlenhydrat-Challenges, die auch gerne mal 750 Euro kosten und dir einen Reset versprechen. Albern, überteuert und viel zu radikal. Für mich gibt es diese Top drei: Starte den Tag am besten mit einem Smoothie oder mit Selleriesaft. Denn die erste Entscheidung des Tages bestimmt auch über den Rest der nächsten zwei Stunden auf dem Teller. Je leichter und gesünder du startest, desto besser geht es weiter. Zwischendurch immer mal einen Apfelessig (stark mit Wasser verdünnt) kann nicht schaden – oder eben als Kur einsetzen. Und: Trenne die Kohlenhydrate. Das ist der Trick! Im Restaurant nicht erst Brot und dann Kartoffeln zum Fisch. Es sollte nur ein Kohlenhydrat pro Mahlzeit sein. Beispiel: Das Brot (Kohlenhydrat = Getreide) mit Hartkäse essen – der ist neutral –, nicht mit Frischkäse oder Marmelade ([Frucht-]Zucker). Wenn es Wein sein soll, dann nur Gemüse und Fleisch oder Fisch bestellen. Oder wenn es der Brotkorb im Restaurant sein muss – ich widerstehe dem auch selten – dann am besten Pasta ordern, um beim gleichen Kohlenhydrat zu bleiben. Wenn man diese Regeln beachtet, bleibt die Wespentaille mehr als wespig.

Was ist dein Geheimtipp für alle Mütter, die gerne ein wenig Gewicht verlieren möchten, aber Diäten oder sonstige Programme scheuen?

Apfelessig und die Kohlenhydrate trennen! Wer das konsequent macht, wird dünner und fitter ohne Sport!

Dein erster Körpercheck – Erste Hilfe bei Problemklassikern

Nun möchten wir mit dir einige typische Problemklassiker durchgehen – von Nackenschmerzen über Haarausfall bis hin zum Blähbauch. Alltägliche körperliche „Baustellen", die viele Mütter betreffen. Hebamme Kerstin und Frauenärztin Judith haben hier ihre besten Tipps für dich zusammengestellt. Du bekommst sowohl schulmedizinische als auch naturheilkundliche Erste-Hilfe-Tipps an die Hand, die du sofort umsetzen kannst.

Es ist so wichtig, dass du deinem Körper Gehör schenkst, auch, wenn dir das euer Alltag oft schwer macht. Dein Körper ist dein Zuhause; er trägt dich zuverlässig durch euer Leben. Deswegen ärgere dich nicht, wenn du das Gefühl hast, diese „Baustellen" werden immer mehr, sondern nimm es bitte als Zeichen dafür, dass du wieder etwas mehr in deinen Körper investieren solltest.

Wir wünschen uns, dass es dir bald besser geht.

Nackenschmerzen? – Das hilft dir jetzt

Du kannst deinen Kopf nicht mehr nach rechts und links drehen, deine Nackenmuskulatur scheint steinhart zu sein. Häufig zieht der Schmerz bis in den Kopf. Du fühlst dich, als ob das Gewicht der ganzen Welt auf deinen Schultern lastete. Kennst du das auch? Bestimmt!

Was sind eigentlich die Ursachen dafür, dass du dich immer wieder wie in einem Schraubstock gefangen fühlst? Deine tägliche Anspannung lässt deine Hals- und Nackenmuskulatur verkrampfen! Häufig merkst du diese Anspannung nicht einmal. Erst wenn du bewusst darauf achtest, spürst du, dass du deine Schultern dauerhaft nach oben ziehst. Folgen davon sind Schmerzen, die den gesamten Nackenbereich betreffen und auch in deine Arme und in deinen Kopf ziehen können. Andere Ursachen können ein „Zug" durch zirkulierende Luft, eine falsche Position, z. B. während des Schlafens, aber auch ein Bandscheibenproblem oder die Abnutzung der Halswirbelsäule sein. Um ernstere Ursachen auszuschließen, solltest du deshalb bei anhaltenden oder plötzlich heftig auftretenden Beschwerden einen Arzt oder eine Ärztin aufsuchen.

UND WAS KANNST DU ANSONSTEN TUN?

Der erste Schritt zur Linderung deiner Beschwerden ist, dir erst einmal deine Verspannung bewusst zu machen. Höre in dich hinein, fühle in dich hinein. Lass ganz bewusst locker, lass los. Entspanne deine Nackenmuskulatur, atme tief ein und aus. Neige deinen Kopf sanft von links nach rechts. Um die Muskulatur noch lockerer zu machen, kannst du jetzt zwischen Anspannung und Entspannung wechseln. Dazu drückst du deine Schultern bewusst nach unten, machst deinen Hals ganz lang. Nun ziehst du deine Schultern nach oben. Dabei atmest du immer weiter ganz bewusst.

Fast alle Mütter wissen, wo ihr Nacken ist, da er in der Regel durch Schmerzen ständig präsent ist. Im Laufe unseres Lebens lastet wirklich viel auf unseren Füßen und der Wirbelsäule und dadurch auch auf dem Nacken. Durch Fehlhaltungen, denk nur mal an das ganze unphysiologische Sitzen in der Still- bzw. Fütterungszeit deiner Kinder bzw. deines Kindes, ist das „Gesamtkonstrukt Mensch" deutlichen Störungen und Blockierungen ausgesetzt. Unser Körper reagiert sofort mit der Anspannung von Muskeln und Sehnen in diesem Bereich. Im fortgeschrittenen Zustand können Kalkeinlagerungen folgen. Damit versucht der Körper, die Fläche des belasteten Knochens zu vergrößern. Er baut quasi an, so wie ein Haus um einen Wintergarten erweitert wird! Eigentlich ist das ein positives und gesundes Zeichen – denn unser Körper reagiert! Leider steht uns dabei aber unser „Wintergarten" im Weg! Er schränkt nämlich die Bewegungen ein und beschert uns Schmerzen in der Hals-, Brust- oder Lendenwirbelsäule. Diese Schmerzen sind also immer ein Zeichen dafür, dass etwas aus der Balance geraten ist. Im Klartext bedeutet das, dass die Ursachen für Nackenschmerzen gar nicht im Nacken selbst liegen, sondern ganz woanders.

Und die folgenden Erste-Hilfe-Maßnahmen können deine Nackenschmerzen schnell lindern:

Wärme und Massagen wirken Wunder

Ein (selbstklebendes) Wärmekissen hilft, Verspannungen zu lösen. Durch die Steigerung der Durchblutung lockert sich die Muskulatur und die Schmerzen werden gelindert. Auch Massagen können dir bei deinen Beschwerden helfen. Sie lösen zwar nicht das Grundproblem, tun aber einfach gut! Gönne sie dir deshalb regelmäßig! Bedenke dabei nicht nur den Nacken, sondern deinen ganzen Körper. Nackenschmerzen machen sich häufig zuerst bemerkbar. Aber auch die restliche Muskulatur ist oft angespannt. Danach nimm ein warmes Bad, lege dich früh ins Bett und versuche weiter, im wahrsten Sinne des Wortes einfach lockerzulassen.

Setze feuchte Wärme und Öl ein

Ein besonders gutes Erste-Hilfe-Mittel ist feuchte Wärme. Dazu bereitest du eine Wärmflasche vor und nimmst dir einen Waschlappen, den du in warmes Wasser tauchst und auswringst. Dann lässt du dir von einem lieben Haushaltsmitglied mit einem Massage-Öl den Nacken kraulen. Dazu empfehlen wir ein Öl mit dem Inhaltsstoff des blauen Eisenhuts (Aconit). Dann kommt der warme Waschlappen zum Einsatz, den du dir auf den Nacken legst. Darauf kommt die Wärmflasche. Nun legst du dich ins Bett! So entspannst du am besten für 20 Minuten.

Nutze Entspannungsmethoden

Einfach mal zur Ruhe kommen – das ist jetzt wichtig! Eine Meditation, autogenes Training, Yoga oder Pilates können dir dabei helfen.

Checke deinen Arbeitsplatz

Bitte schaue einmal, wie deine Haltung ist, während du am Schreibtisch und auch häufig vor dem Computer sitzt: Wie hoch ist dein Stuhl im Verhältnis zum Tisch? Kannst du aufrecht sitzen oder machst du einen krummen Rücken? Das fördert nämlich Verspannungen! Es ist außerdem sinnvoll, in einen guten Schreibtischstuhl zu investieren, der insgesamt rückenschonend ist. Auch ein individuell passendes Kopf- und Nackenkissen für die Nacht ist eine Investition in deine Gesundheit.

Checke dein Kopfkissen

Was hat in diesem Zusammenhang eigentlich dein Kopfkissen zu suchen? Könnte es sein, dass es schon so langsam auseinanderbröselt und deinen Nacken gar nicht mehr richtig stützt? Weg damit! Kaufe ein neues Kissen mit einer fachlichen Beratung.

Mache regelmäßig Rückentraining

Gezieltes Rückentraining stärkt deine Rückenmuskulatur und beugt einer schlechten Haltung sowie Verspannungen vor! Es schützt dich vor Bandscheibenproblemen und gibt dir ein gutes Körpergefühl. Es muss nicht täglich sein, zwei, drei Mal in der Woche reichen völlig!

Checke deine Füße

Der erste Blick sollte sich zunächst auf deine Füße und deinen Laufstil richten. Dort können, z. B. bedingt durch Schwangerschaften, Veränderungen auftreten. Könnte es sein, dass deine Schuhe vielleicht wie ausgetreten aussehen? Die Sohlen nur an einer bestimmten Stelle schon abgelaufen sind? Oder dass die Höhe deiner Absätze nicht mit dem Konstrukt deiner Wirbelsäule im Einklang steht? Am besten holst du dir Hilfe von einem Orthopäden bzw. einer Orthopädin oder von einem Physiotherapeuten bzw. einer Physiotherapeutin. Sie können dir mit Übungen und geeignetem Schuhwerk schon weiterhelfen.

Checke deinen Kiefer

Dann lohnt sich ein Blick auf deine Zähne. Fühlst du dich am Morgen, als könntest du den Mund nicht richtig öffnen? Das Sprechen ist anstrengend und die Kieferknochen machen vielleicht auch komische Knack-Geräusche? Du solltest deine Zahnärztin oder deinen Zahnarzt darauf ansprechen. Eventuell brauchst du eine Knirsch-Schiene und Physiotherapie zur Lockerung deiner Gesichtsmuskulatur.

Checke deine Hüfte und deinen Beckenboden

Was macht deine Hüfte? Blockaden im Bereich des Iliosacralgelenkes, die bei Frauen in der Schwangerschaft und nach der Geburt relativ häufig vorkommen, können ein Auslöser für Nackenprobleme sein. Hast du deinen Beckenboden nach der Geburt deiner Kinder gut trainiert? Ein schlapper Beckenboden hat Auswirkungen auf deine Gesamtstatik, sodass du auch hier ansetzen solltest. Dazu findest du im nächsten Kapitel mehr.

Checke deine Operationsnarben

Und auch andere Schwachstellen, nämlich Operationsnarben oder Stauungen am Steißbein durch Unfälle, können dem Nacken einen Schlag versetzen. Narben können Heilpraktiker*innen entstören und Osteopath*innen helfen dir, nach einem alten Sturz auf das Gesäß, dieses wieder geradezubiegen. (Mehr zum Thema „Narben" im Kapitel „Dein zweiter Körpercheck: Erste Hilfe bei typisch weiblichen Veränderungen")

Gönne dir Osteopathie

Leichter Druck und verschiedene Griffe können auch dabei helfen, die verspannte Muskulatur zu lösen. Auf der Seite des „Verbands der Osteopathen Deutschland e.V." (www.osteopathie.de) findest du eine*n gute*n Therapeut*in in deiner Nähe.

Magnesium kann dir helfen

Um ein Schmerzmittel zu umgehen, empfehlen wir die Einnahme von Magnesium. Magnesium ist wichtig für die Muskelkontraktion, für Stoffwechselprozesse und für die Erregungsleitung in den Nervenzellen. Gerade Frauen leiden häufig unter einem Magnesium-Mangel, da sie die empfohlene tägliche Verzehrmenge von 300 mg nicht mal ansatzweise erreichen. Auch chronisch entzündliche Darmerkrankungen können die Aufnahme erschweren. Morbus Crohn erleben wir sehr oft in der täglichen Praxis. Viele der Frauen leiden darunter und sie haben wirklich viel mit Verspannungen zu tun. Zeichen für einen Mangel an Magnesium sind in der Regel Krämpfe, z.B. Unterleibskrämpfe zu Beginn der Regel oder auch menstruell bedingte Migräne.

Auch die Einnahme als Schüssler-Salz in Tablettenform, die du mal eben in die Handtasche stecken und unterwegs „einschmeißen" kannst, wirkt wahre Wunder. So umgehst du Schmerztabletten, die bei längerem Gebrauch eine leberschädigende Wirkung haben können.

DORT BEKOMMST DU DEIN MAGNESIUM

Bitte besorge dir kein Billig-Präparat aus dem Supermarkt. Den besten Effekt erzielst du, wenn du auf Magnesium-Citrat zurückgreifst. Es wird dir schnell helfen und dich entspannen. Achte bei deinem Speiseplan auf die Zufuhr von Hülsenfrüchten, Brokkoli, Sonnenblumenkernen und Kartoffeln. Darin ist reichlich Magnesium enthalten.

Checke deinen Kaffeekonsum und deine Ernährung

Hinterfrage auch die Menge deines Kaffee- und Milchkonsums. Sowohl die Magnesium- als auch die Kalziumaufnahme werden durch große Mengen an Kaffee und Milch eingeschränkt. Manchen Frauen tut eine Reduzierung des Konsums sehr gut. Du kannst den Kaffee z. B. durch Basen-Tee mit Zitronengras, Fenchel, Schafgarbe Löwenzahnkraut und Brombeerblättern ersetzen. Grundsätzlich solltest du deine Ernährungsweise überdenken. Isst du regelmäßig gekochte und warme Speisen? Oder ist es eher der Schokoriegel, der zwischendurch eingeschoben wird? Eine schlechte Ernährung hat auch immer Auswirkungen auf deine Muskeln, Gelenke und Knochen. Sie werden schlechter mit allen notwendigen Nährstoffen versorgt.

Kopfschmerzen? – So wirst du sie los

Neben Nackenverspannungen gibt es eine Reihe anderer Ursachen, die Kopfschmerzen auslösen können. Natürlich gibt es auch hier ernste Krankheitsbilder, weswegen länger bestehende oder plötzlich sehr heftig auftretende Schmerzen im Kopfbereich immer ärztlich abgeklärt werden sollten. So viele Mamas leiden tagtäglich unter Kopfschmerzen. Bei der einen hämmert es, bei der anderen pocht es und wieder andere klagen über einen ziehenden Schmerz. Doch was sind die Ursachen dafür? Häufig sind es auch hier Nackenverspannungen, die die Kopfschmerzen auslösen. Meist sind sie verbunden mit Schmerzen im Nacken- und Schulterbereich. Kopfschmerzen können auch dadurch entstehen, dass etwas fehlt – und das ist bei Mamas ganz schön oft der Fall. Wahrscheinlich kennst du das: Zunächst werden alle anderen versorgt und erst dann wird nach sich selbst geschaut. Schnell kann es zu einem Flüssigkeitsmangel kommen. Oder auch zu einer Unterzuckerung, weil du zu wenig oder vor zu langer Zeit gegessen hast. Die Folge sind häufig Kopfschmerzen sowie Schlappheit, Schwindel und Zittrigkeit. Weitere Ursachen können zudem hormonelle Schwankungen sowie ein zu niedriger oder zu hoher Blutdruck sein.

 FÜHRE EIN SCHMERZTAGEBUCH

Um den Ursachen auf den Grund zu gehen, empfehlen wir allen Kopfschmerzpatient*innen, ein sogenanntes Schmerztagebuch zu führen. Dort sollte nicht nur deren genauer Zeitpunkt, sondern auch die jeweilige Intensität eingetragen werden.

Was kannst du tun? Wenn du durch das Schmerztagebuch schon eine Idee hast, weswegen du immer wieder unter Kopfschmerzen leidest, kannst du nun damit beginnen, etwas an deinen Lebensgewohnheiten zu ändern. Auch wenn du der Ursache noch nicht auf den Grund gehen konntest, solltest du mit folgenden Veränderungen beginnen. Wichtig ist, dass du unbedingt dein Tagebuch weiterführst! So kannst du nämlich nachverfolgen, ob und wann eine Besserung (oder eine Verschlechterung) eingetreten ist.

Schon am Morgen hast du manchmal vielleicht das Gefühl, dass eine Planierraupe durch dein „Oberstübchen" gefahren ist. Spannungskopfschmerzen sind einfach fies, unabhängig davon, welche Ursache sie haben: Ob sie nun durch ein altes Kopfkissen oder eine durchgelegene Matratze kommen, hormonell bedingt sind oder ihre Ursache in der Unterzuckerung durch eine bescheidene und unregelmäßige Ernährung haben, die viele Mütter ja nun mal kennen.

Und die folgenden Erste-Hilfe-Maßnahmen können deine Kopfschmerzen schnell lindern:

Trinke ausreichend

Die Deutsche Gesellschaft für Ernährung (DGE) empfiehlt, 1,5 Liter täglich zu trinken. Natürlich ist aber nicht nur die Menge wichtig, sondern auch das WAS. Hier sollten insbesondere Wasser (mit oder ohne Kohlensäure) und ungesüßter Tee im Vordergrund stehen. Da wir Mamas das Trinken häufig vergessen, ist es ratsam, sich schon morgens die empfohlene Menge hinzustellen – wenn du zu Hause bist, auf den Küchen- oder Wohnzimmertisch, im Büro auf deinen Schreibtisch. Es muss quasi immer in deinem Blickfeld stehen, damit du ständig daran erinnert wirst!

Iss regelmäßig

Oft trinken wir nicht nur zu wenig, sondern nehmen uns auch nicht genügend Zeit, regelmäßig zu essen. Hier mal ein Happen, da mal einer und mittags fällt dir auf, dass du im Grunde keine ordentliche Mahlzeit zu dir genommen hast. Und selbst wenn du mit der Familie gemeinsam am Tisch sitzt, bist du meist die Letzte, die Essen im Mund hat, oder? Vorher schneidest du das Hähnchen klein, holst Wasser, stehst wieder auf, weil Salz fehlt usw. Vielleicht schlingst du dann, weil du einfach Hunger hast und uns außerdem die Zeit fehlt, in Ruhe zu essen. Nimmst du dann auch noch schnell verwertbare Kohlenhydrate zu dir (Nudeln, Kartoffeln, Brot etc.), kriegst du nach etwa zwei bis vier Stunden nicht selten Heißhungerattacken, sondern hast auch einen Blutzucker, der „im Keller" ist. Folgen davon können dann – die schon eingangs beschriebenen – Kopfschmerzen, Zittrigkeit und Schwindel sein. Deshalb ist es ganz wichtig, regelmäßig und ausgewogen zu essen! Und: Iss lieber mehrmals über den Tag verteilt kleinere Mahlzeiten als drei große. Auch das bewahrt dich vor allzu starken Blutzuckerschwankungen und damit verbundenen Kopfschmerzen.

Diese Lebensmittel solltest du meiden

Kopfschmerzen können übrigens auch durch histaminhaltige Lebensmittel ausgelöst werden. Unter anderem solltest du auf Schokolade, Rotwein, Käse, Erdbeeren, Tomaten, Nüsse und Ananas besser verzichten.

Behalte deinen Zyklus im Blick

Viele Untersuchungen haben mittlerweile gezeigt, dass Kopfschmerzen bei Frauen auch hormonelle Ursachen haben können. Dafür ist der abfallende Östrogenspiegel im Zyklusverlauf in besonderem Maße verantwortlich. Viele Frauen klagen bereits kurz vor der Periode und vor allem währenddessen über starke Kopfschmerzen. Nicht wenige leiden sogar unter einer menstruationsassoziierten Migräne, gepaart mit Sehstörungen und Erbrechen. Falls du also (vielleicht auch mithilfe deines Schmerztagebuches) herausfindest, dass du vor allem um deine Menstruation unter Kopfschmerzen leidest, solltest du unbedingt deine Frauenärztin bzw. deinen Frauenarzt aufsuchen, um die verschiedenen Möglichkeiten der Behandlung zu besprechen.

Bewege dich regelmäßig

Sowohl zu niedriger als auch zu hoher Blutdruck kann sich durch Kopfschmerzen bemerkbar machen. Deshalb solltest du, wenn du wieder einmal unter Kopfschmerzen leidest, mal deinen Blutdruck messen (lassen). Der Normalwert liegt bei etwa 120/80 mmHg. Ab 140/90 mmHg gilt dein Blutdruck als erhöht. Bei einem mehrfach erhöht gemessenen Blutdruck solltest du deine Ärztin bzw. deinen Arzt aufsuchen. Bei einem niedrigen Blutdruck: Keine Panik! Hier ist Bewegung das Wundermittel! Laufen, Walken und überhaupt Bewegung an der frischen Luft bringt dein Blut zum Zirkulieren. Eine ausreichende Flüssigkeitszufuhr und ein morgendliches kaltes Abduschen wirken zusätzlich unterstützend. Und noch etwas: Auch wenn sich ein niedriger Blutdruck nicht schön anfühlt und häufig mit Kopfschmerzen und Schwindel verbunden ist, so ist er nicht gefährlich!

Trinke Kaffee bei niedrigem Blutdruck

Auch wenn wir die Höhe deines Kaffeekonsums angesprochen haben, hilft gerade Frauen mit niedrigem Blutdruck eine Tasse schwarzer Kaffee am Morgen mit einem Schuss frisch gepresster Zitrone. Plötzlich bist du knallwach und siehst wieder klar.

Gönne dir Wechselduschen

Alternativ oder zusätzlich kommt Herr Kneipp ins Spiel mit seinen Wechselduschen am Morgen: rechtes Bein – linkes Bein, rechter Arm – linker Arm. Immer herzwärts duschen, dazu kalt und warm im Wechsel. Ergänze das gerne auch mit einem Massage-Handschuh, der einen Tropfen Rosmarinöl enthält. Huch, da ist ja deine Vitalität wieder, die du so vermisst hast.

Versuche es mal mit dem Pfefferminzöl-Roller

Rollst du die kühlende Kugel mit dem ätherischen Öl über Schläfen und Stirn, bist du nach wenigen Minuten oft schon wieder einsatzfähig.

Nimm Akupunktur und Akupressur in Anspruch

Eine wunderbare Hilfe sowohl bei Verspannungen als auch bei Kopfschmerzen bieten Akupunktur und Akupressur. Vielleicht kennst du das sogar schon: Ganz automatisch greifst du dir an die Schläfen oder die Nasenwurzel, um diese Stellen zu drücken und zu massieren, wenn dein Schädel brummt. Hier verlaufen übrigens auch die Meridiane, auf denen das Qi verläuft. Qi kommt aus der Traditionellen Chinesischen Medizin und bedeutet Lebensenergie. Du löst mit der Massage Blockaden, damit die Energie wieder fließen kann und sich der kleine Bauarbeiter mit seinem Vorschlaghammer aus deinem Schädel verdünnisiert.

HILF DIR IM NOTFALL SELBST MIT AKUPRESSUR

Der Zan-Zhu-Punkt: Er liegt direkt an der Nasenwurzel, jeweils an den Augen-Innenwinkeln unter den Augenbrauen. Du legst deinen Daumen und Zeigefinger an diese beiden Punkte und massierst ihn für rund eine Minute mit sanft kreisendem Druck. Wenn du gerade erkältet bist, kann dir dieser Punkt auch bei einer verstopften Nase helfen.

Der Yintang-Punkt: Er liegt direkt zwischen den Augenbrauen. Denke an den Bindi-Punkt, den viele Inderinnen tragen! Dort ist er lokalisiert. Diesen Punkt drückst du für 30 Sekunden und atmest dabei bewusst ein und aus.

Die Tian-Zhu-Punkte: Diese beiden Punkte findest du im Nacken am Schädelansatz. Dort spürst du beim Abtasten zwei Vertiefungen. Diese massierst du für zwei bis drei Minuten mit kreisenden Bewegungen.

Haarausfall? Das kannst du jetzt tun

Haarausfall macht sich nicht immer durch büschelweises Ausfallen der Haare bemerkbar. Häufig merkt man vielmehr, dass das Haar insgesamt dünner oder die Stirn höher geworden ist. Das betrifft nicht nur Männer, auch viele Frauen leiden darunter. Haarausfall ist häufig psychisch sehr belastend, wenn auch aus medizinischer Sicht nicht gefährlich. Viele Mamas scheuen sich morgens, ihre Haare zu kämmen, weil sie den Blick auf die Bürste fürchten – voller Haare! Das erschreckt natürlich. Es lohnt sich tatsächlich, die Menge ausgefallener Haare mal genauer zu betrachten und sogar mal zu zählen. Täglich fallen jedem nämlich ohnehin etwa hundert Haare aus. Das liegt am ganz normalen Haarzyklus. Erst wenn du mehr Haare verlierst, hast du tatsächlich einen verstärkten Haarausfall. Eine gute Nachricht noch: In der Regel ist der Haarausfall bei Frauen völlig reversibel!

Fast alle Frauen im Wochenbett haben unserer Erfahrung nach mit Haarausfall zu kämpfen. Mit sorgenvoller Miene berichten mir die Frauen, dass ihnen büschelweise die Haare ausfallen. Manche trauen sich schon gar nicht mehr, die Haare zu waschen oder zu kämmen, vor lauter Angst, dass sie bald keine mehr auf dem Kopf oder kahle Stellen haben könnten. Aber: Es ist normal, dass die Haare nach einer Geburt verstärkt ausfallen. Das ist in diesem Fall hormonell zu erklären. Die Haare, die in der Schwangerschaft durch einen veränderten Wachstumszyklus nicht ausfallen, verabschieden sich dann spätestens nach der Geburt. Da sich der Hormonspiegel nach einer Geburt wieder verändert, werden alle alten Haare, die sich in der Ruhephase befunden haben, durch nachwachsende Haare ersetzt. Das Problem reguliert sich oft von selbst nach einem halben Jahr wieder von alleine. Für viele Frauen, die von Haarausfall betroffen sind, stellt sich zunächst oft nicht die Frage nach dem *Warum?*, sondern nach dem *Wie hört das schnell wieder auf und was kann ich dafür tun?*

Die folgenden Erste-Hilfe-Maßnahmen können deinen Haarausfall schnell lindern:

Finde die Ursache

Neben einem Nährstoffmangel kann Stress der Auslöser für Haarverlust sein. Auch ein hormonelles Ungleichgewicht kann dazu führen, dass vermehrt Haare ausfallen. Beim kreisrunden Haarausfall, der sogenannten *Alopecia areata*, wird eine Störung des Immunsystems als Hauptgrund vermutet. Meine Bitte: Entdeckst du tatsächlich kahle Stellen auf dem Kopf, dann solltest du direkt einen (Haut-)Arzt bzw. eine (Haut-)Ärztin kontaktieren. Hier benötigt es eine spezielle Therapie, unter anderem mit verschiedenen Tinkturen.

Schaue dir dein Stresslevel an

Ganz wichtig ist, wie bei vielen unserer „Frauenprobleme", die Reduzierung des Stresslevels. Zu viel Stress kann zu Haarausfall führen. Kommen wir runter von unserer Palme, ruckeln sich viele Dinge, die aus dem Lot geraten sind, wieder in die richtigen Bahnen. Aber was sich über Monate, vielleicht Jahre eingeschlichen hat, ist nicht innerhalb weniger Tage oder Wochen in den Griff zu bekommen.

Paarcoach Sascha Schmidt mit seinen Tricks gegen den inneren Schweinehund

Du möchtest ja gerne dein Stresslevel reduzieren bzw. dein Leben umkrempeln – aber du fragst dich immer noch, wie du denn überhaupt anfangen sollst und deinen inneren Schweinehund überlisten kannst? Paarcoach Sascha Schmidt hat super Tipps für dich parat.

„Wenn man sich motivieren muss, hat man schon fast verloren."

Es liegt nicht am „Motivieren", sondern am „Müssen". Verhaltensänderungen an der Selbstdisziplin festzumachen, ist gefährlich, denn es wird Momente der Schwäche geben. Damit nicht das ganze Kartenhaus aus guten Vorsätzen und Ideen zusammenbricht, lohnt sich ein Blick auf die neusten Erkenntnisse der Verhaltenswissenschaft. Und siehe da, es gibt vier Tipps, die wie nebenbei wirken – das Prinzip des Self-Nudging.

Diese verhaltenswissenschaftliche Methode, mit der jeder seine Fähigkeiten zur Selbstkontrolle stärken kann, stellte das Max-Planck-Institut für Bildungsforschung in Berlin zusammen mit der Universität Helsinki im Jahr 2020 im Journal „Behavioural Public Policy" vor. Der Clou: Kleine Stupser (auf Englisch: Nudges) aus deinem Umfeld sorgen dafür, dass du deine Ziele erreichst. Die Forscher empfehlen dir, dass du deine Umgebung, in der du dich bewegst und dich verändern willst, aktiv als Unterstützung nutzt. Dafür gehst du zwei einfache Schritte:

1. Analysiere, wie dich deine Umgebung beeinflusst.
2. Überlege, was du an der Umgebung verändern kannst, um leichter zu deinem Ziel zu kommen.

Stell dir vor, du möchtest zweimal die Woche einen Yogakurs besuchen, um exklusive Zeit für dich zu haben. Die Kombination von Fitness im Yoga-Flow und die meditative Ruhe am Ende der Stunde sind eine wunderbare Tankstelle für Energie in deinem Mutteralltag. Du weißt, es würde dir richtig guttun – und damit auch deinen Kids und deinem Partner bzw. deiner Partnerin. Doch irgendwie klemmt es in der Umsetzung. Du schaffst es nicht, dich aufzuraffen und ins Studio zu fahren. Online-Yoga als Alternative klappt leider nicht, denn zu Hause wirst du doch von den Kids unterbrochen, dein Smartphone klingelt, die Nachbarin klopft an … Deine zwei Schritte zur Lösung können nun folgende sein:

1. Analyse: Okay, zu Hause klappt Yoga nicht wegen der Unterbrechungen. Zum Losfahren komme ich oft nicht, da dann doch andere Sachen aufpoppen und meine Aufmerksamkeit auf sich ziehen.
2. Mögliche Veränderung: Ich muss schon vorher aus dem Haus sein und direkt zum Yoga-Studio gehen, z. B. nach der Arbeit oder nach dem Einkaufen, sodass meine Kids mich gar nicht sehen bzw. ich nicht vom häuslichen Alltag aufgehalten werde.

Nach diesen Schritten stellen die Verhaltensforscher dir vier Werkzeuge vor, die du nutzen kannst, um die Veränderung wirklich zu leben. Die gute Nachricht: Kein Druck, sondern unterschwellige Signale – Stupser – aus deiner Umgebung kommen zum Einsatz. Bezogen auf dein mögliches Yoga-Ziel wären:

1. Platziere Erinnerungen und Hinweise für dich, z. B. liegt dein Yoga-Outfit schon sichtbar im Auto, ein OM-Zeichen klebt am Armaturenbrett und der Stundenplan vom Studio liegt ausgedruckt auf dem Beifahrersitz.
2. Gib deiner Entscheidung einen neuen Rahmen, z. B. geht es nicht darum, Yoga zu praktizieren, sondern es ist deine persönliche Auszeit – Sendepause im Familienleben.
3. Beseitige Hindernisse und Hürden, z. B. dein Smartphone auf Flugmodus stellen, sodass dich niemand erreichen kann, wenn du zum Yoga willst.
4. Nutze sozialen Druck, z. B. indem du dich mit einer guten Freundin zu festen Yoga-Einheiten im Studio verabredest.

Der Erfolgsfaktor liegt im Mix der vier Tipps. Yoga-Klamotten „ready" im Auto und Smartphone auf Flugmodus bauen die Hürde ab, dass du doch bei deinem Plan unterbrochen wirst. Die Verabredung gibt dem ganzen Ziel einen weiteren Rahmen – Freundinnen-Zeit mit oder trotz Yoga. Deine intrinsische Motivation bekommt sicherlich einen Schub – ganz ohne das Wort „müssen".

Hinterfrage deinen Haarausfall

Leider müssen wir uns dennoch zunächst der Frage nach dem *Warum?* widmen. Überlege zunächst mal, welche Jahreszeit gerade ist. Vielleicht fallen gerade die Blätter von den Bäumen, es ist Herbst! Wie ein Hund im Fellwechsel verlieren auch wir dann vermehrt Haare. Das ist normal, völlig unbedenklich und reguliert sich wieder von alleine.

Verwende stärkendes Shampoo

Viele klinische Untersuchungen haben erwiesen, dass koffeinhaltiges Shampoo nachweislich gegen Haarausfall wirkt. Davon gibt es verschiedene in der Apotheke und in den Drogeriemärkten zu kaufen.

Bürste trotzdem deine Haare:

Sich vor lauter Angst nicht die Haare zu kämmen, ist kein guter Schachzug gegen Haarausfall. Die Kopfhaut braucht die Massage durch die Bürste, damit sie besser durchblutet wird, was wiederum das Wachstum anregen kann. Kennst du diese alte Regel hundert Bürstenstriche pro Tag bringen dir einen strahlenden Glanz bis in die Haarspitzen? Sie möchten wir dir ans Herz legen. Außerdem wird deine Kopfhaut besser durchblutet. Du kannst auch durch Koffein-Präparate und Rosmarin-Haarwasser das Wachstum äußerlich unterstützen. Und innerlich empfehlen wir dir Hirsepräparate, da sie viel Vitamin B5 und Cystin enthalten und erfahrungsgemäß gut helfen.

Lass deine Hormone kontrollieren

Auch beim Thema „Haarausfall" lohnt sich der Besuch bei deiner Frauenärztin bzw. bei deinem Frauenarzt. Vor allem die Untersuchung deines Hormonstatus' ist sinnvoll. Nicht nur Männer, sondern auch Frauen haben männliche Hormone. Sind diese bei einer Frau erhöht, kann es zu Erscheinungen wie Haarausfall, Akne, dunklen Haaren an Armen und Beinen oder einem unregelmäßigen Zyklus kommen. Dieses Hormonungleichgewicht kann bei Bedarf ausgeglichen werden.

Lass deine Schilddrüse untersuchen

Die Schilddrüse solltest du immer bei Haarausfall untersuchen lassen. Denn nicht nur ein Ungleichgewicht der Geschlechtshormone kann Haarausfall begünstigen, sondern auch eine Fehlfunktion der Schilddrüse. Zum Beispiel kann eine Unterfunktion der Grund für das bestehende Problem sein. Richte dein Augenmerk bei der Ernährung auf Fisch, denn auch eine ausreichende Jodversorgung ist wichtig für die Funktion der Schilddrüse. Auch mit Fleisch, Vollkornreis und Nüssen kannst du sie unterstützen.

Fill u up, Baby!

Es gibt eine Reihe von Nährstoffen, die deine Haare bereits von der Wurzel aus stärken. Sind diese Nährstoffspeicher leer, kannst du unter einem vermehrten Haarausfall leiden. Deshalb solltest du besonders dann auf eine ausreichende Zufuhr von Zink, Selen, Biotin und Vitamin B5 achten. Auch ein Eisenmangel kann übrigens zu einem verstärkten Haarausfall führen.

Diese Lebensmittel helfen dir bei Eisenmangel

Auch Eisenmangel kann zu Haarverlust führen. Er kann z. B. durch einen starken Blutverlust nach einer Geburt entstehen, oder vielleicht leidest du unter starken Regelblutungen, die dich regelmäßig viel Kraft kosten. Hier kannst du gezielt mit einer geeigneten Ernährung ansetzen, denn die Haare wollen gut versorgt werden. Das ist allerdings leider nicht mit Toastbrot und Fertigpizza zu schaffen, die gelegentlich auf dem Teller liegen. Auch hier wieder der Appell für eine regelmäßige, ausgewogene und gesunde Ernährung. Mithilfe folgender Lebensmittel kannst du deinen Eisenwert günstig beeinflussen: Rote Bete, Feldsalat, Himbeeren, Hirse, Haferflocken, Leinsamen, Quinoa, Melasse, rotes Fleisch, Hülsenfrüchte. Achte darauf, dass du viel Vitamin C zu dir nimmst. Das verbessert die Eisenresorption. Würze mit viel frischer Petersilie und trinke gelegentlich ein Glas frisch gepressten Orangensaft und Sanddorn-Saft. Kiwi und

Hagebutte können ebenfalls sehr hilfreich sein. Reduzieren solltest du deinen Konsum an Kaffee, Tee und Milchprodukten. Dadurch wird die Eisenresorption vermindert.

Unverträglichkeiten, Blähbauch und schlechte Luft

Manchmal hast du geradezu das Gefühl, dein Bauch platzt gleich. Er ist voller Luft und du kannst dich kaum bewegen. Hinzu kommt, dass du einen völlig unregelmäßigen Stuhlgang hast: Manchmal musst du beinahe auf die Toilette rennen und hast Durchfall, manchmal kannst du tagelang nicht gehen und leidest unter Verstopfung. – All diese Symptome sind typische Merkmale des sogenannten Reizdarms, auch *Colon irritabile* genannt. Noch einmal wichtig hier: Es ist immer sinnvoll, Verdauungsbeschwerden ärztlich abklären zu lassen. Besonders wenn noch andere Symptome, wie z. B. Blut im Stuhl, auftauchen, solltest du deine Ärztin oder deinen Arzt aufsuchen. Das Reizdarm-Syndrom kann übrigens zwar sehr belastend sein, ist aber nicht gefährlich.

Was sind denn die Ursachen dafür, dass du regelmäßig das Gefühl hast, dein Bauch spielt verrückt? Die genaue Ursache für das Reizdarm-Syndrom ist nicht abschließend geklärt. Vermutet wird ein multifaktorielles Geschehen aus Infektionen, Nahrungsmittelunverträglichkeiten und Stress. Und damit kommen wir zum Punkt: Viele Frauen haben zwar immer mal wieder Verdauungsbeschwerden, können nicht alles essen, weil sie dann zum Beispiel Blähungen bekommen, aber erst, wenn das Stresslevel steigt, bekommen sie die typischen Symptome des Reizdarms. Stress hat nämlich eine unmittelbare Auswirkung auf unseren Verdauungstrakt.

Blähungen sind ja nicht nur unangenehm, weil sie „schlechte Luft machen" und unter Umständen eine echte Zumutung für unsere Mitmenschen sind, sondern sie können uns auch optisch ziemlich auf den Wecker gehen. Wenn man schon von Freunden beäugt und gefragt wird, ob man denn noch mal Nachwuchs erwarte, ist oft der Zenit überschritten und wir sollten zur Tat schreiten. Warum stoßen wir denn eigentlich so unangenehme Gase aus? In unserem Darm entstehen bei der Zersetzung von Zucker, Eiweißen und ballaststoffreichen Lebensmitteln Methan, Kohlenstoffdioxid und Wasserstoff. Der Zersetzungsprozess geschieht durch Darmbakterien, das macht diesen fürchterlichen fäkalen Geruch eines Pupses aus. Du kannst dich aber immerhin glücklich schätzen, wenn der Pups überhaupt entweichen kann! Passiert das nämlich nicht, gibt es einen Blähbauch und in der Regel Bauchschmerzen.

Und die folgenden Erste-Hilfe-Maßnahmen können deinen Blähbauch schnell lindern:

Stelle deine Ernährungsgewohnheiten um

Bitte achte darauf, dass du ab sofort in Ruhe isst. Das ist ganz wichtig. Hastiges, schnelles Essen und das Schlucken von viel Luft verstärken die Beschwerden. Deshalb nimm dir bitte ausreichend Zeit. Auch hier noch einmal die Empfehlung, mehrere kleine Mahlzeiten zu dir zu nehmen anstatt drei große.

Nimm Unverträglichkeiten und Gifte in den Blick

Leidest du immer wieder unter Blähungen, kann das auch ein Hinweis auf Unverträglichkeiten sein. Oft erlebe ich, dass Frauen davon berichten, dass sie ab Mitte 30 bestimmte Dinge nicht mehr vertragen. Plötzlich geht keine Kuhmilch mehr, nach einem Eisbecher mit Sahne gibt es überraschend Durchfall, bestimmte Brotsorten sind auf einmal schwierig und nach dem Genuss von zwei Aprikosen haben sie das Gefühl zu platzen. Kennst du das auch? Nun kannst du dich auf eine Laktose-, Gluten- oder Fruktoseintoleranz testen lassen. Du kannst aber auch durch gezieltes Weglassen von Lebensmitteln, die dir offensichtlich nicht guttun, oft die Beschwerden verringern oder beseitigen. Zudem gebe ich gerne den Rat zu überdenken, ob und wann die letzte Antibiotika-Einnahme erfolgte. Oft kann auch das der

Grund für eine gestörte Darmflora sein, die uns solche Beschwerden beschert.

Aber auch Stress, industriell hergestellte Lebensmittel und natürlich Gifte aus der Umwelt können die Darmgesundheit beeinflussen. Durch die zunehmenden Fäulnisbakterien im Darm können Fuselalkohole entstehen, die die Darmschleimhaut angreifen und schädigen. Plötzlich können Giftstoffe die Darmwand passieren und ins Blut übergehen. Ständige Müdigkeit, Abgeschlagenheit, Kopfschmerzen, Allergien und Autoimmunerkrankungen können ein Hinweis auf eine Störung im Darm sein. Der Körper vergiftet sich quasi selbst. Man spricht von einem Colon-Leaky-Gut-Syndrom. Eine Darmkur von bis zu drei Monaten mit einem geeigneten Probiotikum kann schon kleine Wunder bewirken, die Darmschleimhaut wieder aufbauen und die Beschwerden verschwinden lassen.

Calm down und nimm dich wichtig

Und natürlich sind auch hier Ruhe, Entspannung und alles, was dir sonst noch guttut, ein guter Rat. Achtest du auf deinen Körper, achtest du automatisch auch auf deine Seele – und umgekehrt. In dem ganzen Alltagstrubel vergessen wir alle häufig, in uns hineinzuhören und verlieren sogar das gute Gefühl für uns und unseren Körper. Ab jetzt änderst du das! Du hörst in dich hinein, trägst ausreichend Sorge für dich und schenkst dir liebevolle Zuwendung, wenn es drückt, kratzt oder wehtut.

Eine Bauchmassage tut einfach gut

Was kannst du noch tun, um dich liebevoll um das Organ zu kümmern, in dem 80 Prozent deines Immunsystems sitzen? Nicht nur Babys tut eine Bauchmassage mit Kümmelöl gut, sondern auch Erwachsenen. Unterstützen kannst du die Wirkung der Massage durch das Auflegen eines feuchtwarmen Wickels. Dazu befeuchtest du einen Waschlappen mit warmem Wasser, legst ihn dann auf den Bauch und deckst ihn mit einer angenehm temperierten Wärmflasche ab. Innerlich kannst du deinen Darm durch den Klassiker Anis-Fenchel-Kümmeltee unterstützen. Aber auch Kamille, Ingwerwasser, Kurkuma, Schwarzkümmelöl und schwarzer Pfeffer helfen gegen einen Blähbauch.

Diese natürlichen Mittel und Nahrungsmittel können außerdem deine Beschwerden lindern

Haferschleim, Zwieback, pektinhaltige Lebensmittel, wie Apfel, Karotten und Bananen, helfen gegen Durchfall. Vollkornprodukte, Flohsamen, eine ausreichende Trinkmenge, Bewegung und Trockenobst sind empfehlenswert bei Verstopfung.

MAGENSCHMERZEN DURCH STRESS? DAS KANNST DU TUN

Gerade der Magen bereitet vielen Frauen in Stresssituationen Probleme, die Folge davon: Sodbrennen, Völlegefühl, Schmerzen – oder darf es im schlimmsten Fall ein wenig Magen-Schleimhaut-Entzündung sein? Alles in allem sehr unangenehm, und eigentlich signalisiert auch hier der Körper nur eins: Ich hätte gerne ein wenig Ruhe und Zeit für mich. Kombinierst du die Ruhe mit Wärmflasche, Kümmeltee, Ingwerwasser, Kartoffel-Presssaft oder Heilerde innerlich, wird es dir sicherlich bald besser gehen. Nimm auch hier die Signale deines Körpers ernst, damit du nicht in eine Dauerschleife gerätst und die Probleme chronisch werden. Und spaße bitte nicht damit, sondern suche im Zweifel bitte immer deine Ärztin oder deinen Arzt auf!

Apfelessig, Heilerde und Co. – unsere Favoriten

Wir schwören auf Apfelessig. Durch die antibakterielle Wirkung von Apfelessig haben Fäulnisbakterien im Darm keine Chance mehr, sich auszutoben. Gerne empfehle ich auch Heilerde innerlich, da Giftstoffe an die Heilerde gebunden und so ausgeschieden werden können. Pflanzliche Bitterstoffe sind für eine regelmäßige Verdauung nicht wegzudenken. Es lohnt sich ein regelmäßiger Verzehr von Radicchio-,

Chicorée- und Rucola-Salat. Unser Bauch hat gekochte Speisen gern, z. B. Kartoffelpüree, gedünstete Karotten mit Kümmel, Zucchini und Fenchelgemüse. Schwer verdauliche Lebensmittel können einen Blähbauch begünstigen, dazu zählen beispielsweise Alkohol, Hefegebäck, Hülsenfrüchte, Zwiebeln, Knoblauch und Kohlsorten. Zudem ist regelmäßige Bewegung wichtig, damit die Verdauung in Schwung kommt. Ist der Mensch träge, wird das zwangsweise auch sein Darm sein! Ein Grund mehr, sich mal wieder aufs Fahrrad zu setzen!

 Das Selbstexperiment: Was bringt kaltes Duschen wirklich?

Den inneren Schweinehund austricksen – das musste übrigens auch Judith. Sie ist von Haus aus absolute Warmduscherin, wollte aber für dich mal das Gegenteil probieren und eine persönliche Antwort auf die Frage geben können, welchen Unterschied kalte Duschen für das Lebensgefühl machen.

Unsere Frauenärztin Dr. Judith Bildau erzählt über ihren vierwöchigen Test

Mein erster Gedanke: *Kreeeisch!* Ich soll also einen Monat lang morgens kalt duschen. Allein die Vorstellung lässt mich bibbern. Ich brauche Wärme. Kälte finde ich anstrengend, ungemütlich und mag sie einfach gar nicht. Wenn ich mir aussuchen dürfte, ob ich in den Sommer- oder Winterurlaub fahren möchte, würde ich immer sagen: Sommer, Sonne, warme Temperaturen! Nun gut, ein Selbstversuch muss ja immer ein bisschen an der Komfortzone kratzen, sonst wäre er ja im Grunde sinnlos. Also dusche ich ab sofort einen Monat lang kalt. Na ja, vielleicht ab nächster Woche. Oder übernächster. Schauen wir mal, wann es so passt.

Falsch gedacht: Ich muss meinen Selbstversuch (gezwungenerma-ßen) schneller beginnen, als ich eigentlich vorhatte. Das Gas unseres Hauses in der Toskana ist leer. Irgendwie ging es diesmal besonders schnell und keiner von uns hat rechtzeitig beim Lieferanten nachbe-stellt. Mist! Ich ärgere mich. Kein Gas bedeutet: kein warmes Wasser. Nun gut!

Woche 1:

Ich stehe nackt vor der Duschkabine und beobachte das kalte Was-ser, das aus dem Duschkopf fließt. Immer wieder bekomme ich einen Spritzer ab und würde mich am liebsten direkt wieder in mein warmes Bett kuscheln. Ich strecke erst die Zehen meines rechten Fußes unter das laufende Wasser. Ich habe das Gefühl, sie fallen direkt ab. Okay, das ist übertrieben, aber zumindest laufen sie gefühlsmäßig direkt blau an. Shit, das ist kalt! Meine Laune fällt ins Bodenlose. Ich hasse es. Es tut mir richtig weh. Ich reiße mich zusammen und stelle mich unter das kalte Wasser. *Brrr!* Ich kann mir nicht verkneife, komische Laute von mir zu geben. Jetzt schnell Haare waschen, einseifen und raus! Ich tue mich morgens grundsätzlich schwer, eine Stimmungs-bombe zu sein und brauche lange, bis ich wach bin und mich vollends bei Sinnen fühle. Heute fühle ich mich einfach nur schräg. Irgendwie in meiner Morgenmuffeligkeit gestört. Insgeheim hoffe ich, dass der Gaslieferant im Laufe des Tages kommt und ich meinen Selbstversuch noch ein bisschen aufschieben kann. Daraus wird leider nichts.

Am nächsten Morgen habe ich keine Lust aufzustehen. Der Wecker hat geklingelt, ich muss zur Arbeit, aber ich kann nicht. Auf mich war-tet kaltes Wasser. Ich grabe mich tiefer unter meine warme Decke. Nur noch ein paar Minuten. Dann schlage ich meine Decke ruckartig auf und laufe kampfeslustig ins Bad. *Na, du wirst mich kennenlernen!*, fauche ich die Dusche an und komme mir selbst saublöd dabei vor. Egal. Wasser an, schnell drunter, Shampoo, Seife – und wieder raus. *Bibber, bibber.* Jetzt schnell Kaffee. So geht es die restliche Woche lang. Am Ende der Woche kommt Gas. Ich könnte jetzt also wieder …

Puh „.! Die Verlockung ist groß. Aber ich halte durch. Das wäre doch gelacht, wenn ich diesen Monat nicht rumkriegen würde, ha!

Woche 2:

Ich bin ganz kleinlaut, denn ich werde tatsächlich einmal rückfällig. Aber am nächsten Morgen entscheide ich mich für einen Kompromiss: Erst dusche ich bei ganz normaler Temperatur, zum Schluss stelle ich das Wasser auf kalt, sehr kalt. Mir entgleitet ein Aufschrei. Aber es tut irgendwie gut. Ich dusche meine Beine und meine Arme ab, später den restlichen Körper. Den Kopf lasse ich aus. Haare mit eiskaltem Wasser zu waschen, hat mir tatsächlich immer Kopfschmerzen bereitet. Nachdem ich aus der Dusche gestiegen bin und mich abgetrocknet habe, wasche ich mein Gesicht noch einmal mit kaltem Wasser. Ich sehe mich wieder im Spiegel an: Meine Wangen sind rosig, meine Augen wach. Ich muss grinsen. Ich starte richtig gut in den Tag. Und genauso auch in die nächsten.

Woche 3:

Ich würde lügen, wenn ich behaupten würde: *Ich mag es! Ich mag ab sofort Kälte im Allgemeinen und kaltes Wasser im Besonderen.* Aber ich kann sagen: *Es tut mir mittlerweile gut, mich morgens am Ende meiner Wohlfühldusche kalt abzuduschen.* Ich habe das Gefühl, mein ohnehin sehr niedriger Blutdruck kommt in Wallungen, ich fühle mich gut durchblutet und irgendwie fit. Ich starte frischer und wacher in den Tag. Ich bin selbst erstaunt darüber, dass ich den Unterschied so intensiv spüre.

Woche 4:

Die letzte Woche meines Selbstversuchs bricht an und mittlerweile ist es irgendwie gar keiner mehr. Ich stelle morgens automatisch das Wasser nicht mehr auf brühendheiß (wie ich es früher gerne mochte), sondern direkt auf maximal lauwarm. Und eigentlich nur, um meine Haare zu waschen, mich zu rasieren und einzuseifen. Danach greift meine Hand mittlerweile fast automatische an die Armatur und stellt das Wasser kalt. Ich beginne damit, meine Beine kalt abzuduschen, dann meine Arme und am Ende stelle ich mich noch einmal komplett drunter. Ich spüre das Blut in meinen Adern pochen und plötzlich alle Körperfunktionen auf den Wachmodus springen. Ich mag es. Es tut mir gut.

Fazit:

Das kalte Abduschen holt mich genau dort ab, wo ich es brauche: unter der Dusche, wenn ich ein paar Minuten nur für mich habe, kurz bevor der Alltag mit seinen Höhen und Tiefen losgeht und vor meinem ersten Kaffee. Am Wochenende brauche ich es nicht unbedingt, unter der Woche hilft es mir, startklar zu werden. Übrigens geben medizinische Untersuchungen meinem Gefühl recht: Kaltes (Ab-)Duschen löst Wohlgefühle aus! Es fördert die Durchblutung, unterstützt den Kreislauf, stärkt das Immunsystem, senkt den Stresslevel und kurbelt den Stoffwechsel an. Na, wenn das nicht alles gute Gründe dafür sind, es auch einmal zu versuchen! Nur Mut!

DEINE WEIBLICHKEIT UND DU!

Achtung, wir überspitzen bewusst: „Ich will endlich meinen Vorschwangerschaftskörper zurück und auch so aussehen." „Hat die etwa keine Falten?" oder „Hilfe, was bin ich dagegen alt und schrumpelig geworden!" – Ja, der Blick ins Zeitschriftenregal an der Supermarktkasse oder der Instagram-Feed können einem seelisch eins auf die Zwölf geben.

Und damit meinen wir absolut nicht die Frauen auf den Bildern, sondern die Machart vieler Fotos. Uns Müttern wird auch heute noch von Werbeindustrie und Co. vorgegaukelt, dass graue Haare, schlaffe Haut, Gewichtsprobleme, Ecken und Kanten, hängende Brüste oder müde Gesichter ein No-Go seien. *Pfff! Hey, aber weibliche Veränderungen sind doch wundervolle Realität*, rufen wir da.

 ## Vier erste Schritte zu mehr Selbstliebe

Und genau deshalb möchten wir dich nun auf eine Reise mitnehmen. Auf der möchten wir weg von der gephotoshoppten Möchtegern-Realität hin zu den echten weiblichen Veränderungen. Natürlich mit vielen Erste-Hilfe-Tipps und Lösungen rund um typische „Probleme", die das Kinderkriegen und das Älterwerden einfach mit sich bringen. Und stelle dir mal vor, du schaust schon bald an deinem Körper herunter, lächelst und sagst (vielleicht zum ersten Mal nach der Geburt bzw. den Geburten): *Danke, Körper! Danke, dass du all das geleistet hast! Ich mag dich!* Das wäre toll, oder? Auf geht's, liebe Mama! Für deine Weiblichkeit – mit vier ersten Schritten zu mehr Selbstliebe.

Schritt 1: Hinterfrage dein Schönheitsideal

Stelle dir mal vor, deine Freundin, die du als wunderschön empfindest, gesteht dir plötzlich, dass sie die Falten zwischen ihren Augenbrauen hasst – die sähen wie Zornesfalten aus. Ständiges Eincremen mit dieser Antifaltencreme nützten nichts und sie überlege nun, ob nicht doch Botox eine Option sei. Außerdem könne sie ihr doofes Doppelkinn, das auf jedem Profilfoto von ihr ins Auge springen würde, nicht mehr ertragen. *Puh!* Harter Tobak, oder? – Wie reagierst du? Vielleicht hältst du vor Schreck erst einmal die Luft an, atmest dann laut aus und sagst so etwas, wie: *Was meinst du? Das sehe ich gar nicht. Bitte, du bist schön so, wie du bist.*

Es ist verrückt! So viele Frauen finden sich einfach nicht schön. Es wirkt so, als ob fast alle zu Hause einen Zerrspiegel hätten, in dem wir eben nicht unsere eigene Schönheit, sondern nur vermeintliche Makel an uns sehen.

Deshalb stellen wir dir eine direkte Frage: Findest du dich schön? Magst du dich, wie du bist? Oder könnten die imaginären Worte deiner Freundin, die wir oben in den Raum geworfen haben, auch von dir sein? Vielleicht ginge es dabei um eine ganz andere Körperstelle. Vielleicht wären es Dehnungsstreifen, vielleicht, dass du es im Familienalltag nicht schaffst, dein Wunschgewicht zu erreichen und deshalb lieber Leggings oder weite Hosen trägst, dich versteckst und darüber auch eigentlich gar nicht sprechen möchtest. Zu oft hast du vielleicht das Gefühl, dass alle Mütter um dich herum wieder top in Schuss sind, nur du ... STOPP! An dieser Stelle möchten wir betonen: *Du bist schön! Du bist gut! Genauso, wie du bist! Denn du bist du! Und die anderen sind die anderen.*

Vielleicht hast du auch ein Schönheitsideal. Sehr wahrscheinlich ist eben dieses getriggert durch Werbung, Gesellschaftsbilder oder auch durch dein Umfeld. Aber … in dem Wort „Schönheitsideal" steckt ja schon etwas, nämlich das „Ideal". Etwas, das deinen höchsten Vorstellungen entspricht. Etwas, das im Kopf stattfindet. Wird dein Selbstbild möglicherweise stark von deinem Schönheitsideal beeinflusst? Wenn ja, bitte mache dich frei davon. Jede von uns ist anders – jede hat einen anderen Körper, die eine bekommt vielleicht schon mit Mitte 20 graue Haare, dafür hat sie ein starkes Bindegewebe. Die andere hat dafür mit 40 keine grauen Haare, merkt aber, dass ihre Cellulitis stärker geworden ist. *Na und?!*, sagen wir da. *Wir sind Frauen, jede Schwangerschaft verändert unsere Körper – und wir werden nun einmal älter!* Versuche doch mal, dein Schönheitsideal loszulassen und nimm dir einen Spiegel zur Hand, schaue dir selbst tief in die Augen, schenke dir dein schönstes Lächeln.

Schritt 2: Stoppe die Vergleiche

Vielleicht kennst du diesen Schnellcheck auch. Ein kurzer Blick zur anderen Mama – von oben bis unten. *Was hat sie an? Wie sieht sie aus? Wow, hat sie abgenommen? Sie sieht toll aus!* Du bist gedanklich bei „der Anderen", fängst plötzlich an, dich zu vergleichen und denkst dir z. B. *Oh Gott, ich möchte auch so etwas tragen können, aber das T-Shirt wäre bei mir viel zu knapp. Wieso hängen denn meine Brüste so und ihre nicht?* Und so weiter und so fort. Du weißt vermutlich, was wir meinen. Du möchtest das gar nicht, aber plötzlich triggert dich eine andere Mutter, die scheinbar perfekt ist, und in dir beginnt es zu arbeiten. Du siehst deine vermeintlichen Makel anstatt deiner Schönheit. Das kostet Kraft und Energie. Du bist im Außen statt im Innen. Und weißt du was? Auch wenn eine andere Mama vielleicht fröhlich lächelnd an dir vorbeijoggt und du innerlich fluchst, weil dein Beckenboden das (noch) nicht zulässt: Auch diese Mama wird irgendetwas haben, das sie – wie oben schon beschrieben – wiederum an sich nicht mag. Komm, durchbrechen wir diesen Kreislauf! Fange für dich an und stoppe das Vergleichen. Immer wenn du merkst, dass du eine andere Mama siehst und anfängst, dich selbst zu kritisieren, dann sag dir selbst innerlich: STOPP! Vielleicht fällt dir auf, wie oft du dir durch Vergleiche selbst Druck machst und dadurch Raum für Zweifel, unschöne Gefühle und Unsicherheit rund um deinen Körper lässt. Und davon wollen wir ja weg. Her mit den schönen Gefühlen!

Schritt 3: Hinterfrage Social Media

Höher, schneller, weiter – Wachstum, Reichweite, Follower*innen. Genau darum geht es ja häufig in Social Media. Mit Photoshop, Filtern und schönem Licht wird oft vermeintlich Perfektes inszeniert. Warum? Weil doch eigentlich jede*r gut aussehen und gut wirken möchte. Weil es darum geht, aus der Masse herauszustechen – am besten im positiven Sinne. Und weil viele Herzchen und eine große Crowd nun einmal die Online-Ware von heute sind. Oft ist es das Perfekte und das Schöne, was die Follower*innen an einem Profil lieben. Das, was wir selbst vielleicht nicht haben und auch nicht haben können, weil es inszeniert ist. Natürlich wachsen auch viele Accounts, die ehrliche Geschichten teilen – und das ist stark. Dennoch sind es oft immer noch die gefilterten, die ziehen. Und hier meinen wir nicht nur das ordentliche Haus oder saubere Kinderkleidung. Wir sprechen von Frauen, die schier in jeder (noch so stressigen) Lebenslage makellos aussehen oder scheinbar nicht altern. Sobald du merkst, dass die Bilder etwas mit dir machen, dass du anfängst, dich, deinen Haushalt, deine Kinder oder deinen Körper zu hinterfragen, übe dich bitte auch an dieser Stelle im (in Schritt 2 eingeübten) STOPP! Mache dir bewusst, dass niemand perfekt ist – und dass das eben nur ein Ausschnitt der Realität ist. Genau das gilt übrigens auch für Marken, die sich mit Körpern schmücken, die weit weg sind vom echten Leben und ein Ideal reproduzieren. Auch hier gilt: Es geht am Ende ums schnöde Verkaufen. 90 Prozent der Mütter sehen im Alltag so nicht aus.

ALLES IST EIN AUSSCHNITT AUS DER REALITÄT

Und hier möchten wir auch noch einmal betonen: Wir wettern nicht gegen schöne oder schlanke Frauen, genauso wenig gegen perfekte Wohnzimmer. Denn wir sind Verfechterinnen des Miteinanders anstatt des Gegeneinanders. Wir möchten dir nur den Blick öffnen für die Filter und den Ausschnitt – denn beides macht die Wirkung auf Social-Media-Kanälen einfach aus. Wir wissen, dass das Bewusstsein dafür im Strudel des Alltags immer mal wieder verloren geht.

Schritt 4: Rede offen über deine Gefühle

Ehrliche Gespräche mit anderen Müttern können ungemein helfen und Kraft spenden. Wie können die aussehen? Hast du eine andere Mama in deinem Umfeld, der du vertraust und mit der du vielleicht sogar eng befreundet bist? Dann suche doch offen das Gespräch mit ihr. Vielleicht gibt es etwas, das dir schwer zu schaffen macht. Etwas, das du dir so gerne mal von der Seele reden möchtest. Zögere nicht, triff diese Mutter an einem Ort, an dem ihr sprechen könnt – sei es ein Café oder ein gemeinsamer Spaziergang. Fasse dir ein Herz. Vielleicht suchst du nach einleitenden Worten – uns fällt es am leichtesten, wenn wir ganz direkt ansprechen, was uns bedrückt. Zum Beispiel so: *Du, ich habe da was auf dem Herzen. Ich merke, dass ich mich im Moment nicht so gerne mag, weil ...* – erzähle ihr, wo bei dir der Schuh drückt und frage deine Freundin um Rat. Wenn sie dazu eine gute Freundin ist, wird sie dir zuhören, höchstwahrscheinlich liebevoll reagieren und dir vermutlich auch Komplimente machen. Nicht nur, um dich aufzubauen, sondern weil sie dich als Freundin in deiner ganzen Schönheit sieht. Beim Reden fällt dir vielleicht der dicke Stein vom Herzen – und wenn ihr schon so gut im Gespräch seid, dann frage sie, wo sie wiederum mit sich hadert oder welche Veränderungen sie an sich nicht so gut annehmen kann. Wenn sie tatsächlich rundum glücklich ist, dann frage sie doch wiederum mal nach ihrem Rezept. Wir wetten, dass du ein bisschen mehr Selbstliebe aus so einem Gespräch mitnehmen kannst!

DIE BESTE FREUNDIN HAT MEHR ABSTAND ALS DEIN*E PARTNER*IN

Natürlich kannst du solche Themen auch mit deinem Partner bzw. deiner Partnerin besprechen. Vielleicht ist das auch der Mensch, auf den du gerne und dazu am meisten hörst. Wir haben dir die beste Freundin vorgeschlagen, weil wir wissen, wie oft wir Frauen sagen: *Der bzw. die muss mir das ja eh sagen. Wir sind ja schließlich zusammen oder haben eine Familie gegründet.*

Fünf Tipps, wie du körperlichen Veränderungen entspannt begegnest

Nun wollen wir mit dir gemeinsam fünf Bereiche anschauen, mit denen viele von uns Müttern hadern, wenn wir Kinder bekommen und/oder älter werden: graue Haare, Falten, die Veränderungen der Brüste, das Gewicht und das eigene Spiegelbild. Wahrscheinlich findest auch du dich in einigen Punkten wieder. Die nächsten Tipps sind ein erster Schritt zu mehr Selbstliebe!

Tipp 1: So akzeptierst du graue Haare leichter

Wie war der Moment, in dem du deine ersten grauen Haare entdeckt hast? Hast du vielleicht auch einen etwas unfreiwilligen Urschrei losgelassen und für ein paar Minuten viel zu flach geatmet? Wenn ja, sei beruhigt! Wir können nur sagen: Auch wir waren erst einmal ziemlich erschrocken über diese grau blitzenden Dinger da oben, die uns ganz klar zeigen, dass wir nun einmal doch älter werden bzw. uns nicht konservieren können.

Manche bekommen ja selbst bis ins hohe Alter kaum graue Haare, andere wiederum ergrauen mit Mitte 20 oder noch früher. Die Gene spielen da auch eine Rolle. Sie bestimmen unter anderem, wann die Melanin-Produktion nachlässt. Melanin ist das Pigment, das für deine Haarfarbe verantwortlich ist. Aber auch Faktoren, wie Stress, Vitamin- oder Mineralstoffmangel, bestimme Medikamente oder verschiedene Krankheiten, wie zum Beispiel hormonelle Störungen oder auch Schilddrüsenerkrankungen, können verantwortlich sein – das nur am Rande. Vielleicht hast du ja auch schon verzweifelt das eine oder andere graue Haar rausgerupft und dann frustriert festgestellt: *Verdammt, das wächst in Nullkommanichts wieder nach! Was soll denn das? Blöd.* So. Was kannst du nun tun?

Schenke dir ein Lächeln: Wir raten dir: Schaue mal als Erstes in den Spiegel, lächle dich an und versuche anzunehmen, dass das Älterwerden zum Leben dazugehört. Fast jede von uns hat ab einem bestimmten Alter graue Haare. Irgendwo lugt im Tageslicht auch bei den Müttern um uns herum immer mal wieder eins hervor. Und, im Ernst: Findest du deine Freundin nicht trotz der grauen Haare total hübsch? Du störst dich wahrscheinlich weniger an ihren grauen Haaren als sie sich selbst. Genauso ist es umgekehrt – wahrscheinlich empfindest du deine ergraute Frisur auch als krasser als alle um dich herum.

#youngandgray – die Welle im Netz: Nimm doch mal dein Handy in die Hand und suche bei Instagram nach den Hashtags #youngandgray oder auch #jungundgrau. Du wirst viele junge Frauen sehen, die ergraut sind. Frauen, die damit nach außen gehen. Toll, oder? RTL-Moderatorin Birgit Schrowange oder auch die Vogue-Autorin Sarah Harris, die schon im Teenie-Alter graue Haare bekam, machen es außerdem in der Öffentlichkeit vor: Es geht entspannt, mit Stil, selbstbewusst und einfach weiblich. Vielleicht kannst du diese Fotos angucken, lächeln und auch Teil dieser Bewegung werden. Wie wäre das? Eigentlich ganz cool, oder?

Ab zum Friseur? Das solltest du beachten: Natürlich ist Färben oder Tönen eine Option – und das für die meisten Frauen. Diese Tendenz haben unsere Friseurinnen uns bestätigt. Offenbar bleibt bei vielen Frauen dieses Gefühl, dass graue Haare älter und unattraktiver machen. Graue Haare sind scheinbar bis heute in (und auf) vielen Köpfen ein Schönheitsmakel. Wenn du dich unwohl fühlst und gerne färben oder tönen möchtest, dann raten wir dir im ersten Schritt dazu, dich mit deinem Friseur oder deiner Friseurin auszutauschen. Informiere dich über den Unterschied zwischen Färben und Tönen und kläre bitte auch, welche Inhaltsstoffe in den jeweiligen Präparaten der Hersteller enthalten sind. Neben Weichmachern, die ja höchst umstritten sind, können z. B. PPD (Para-Phenylendiamin), Ammoniak oder synthetische Stoffe in den einzelnen Produkten Allergien auslösen. Deshalb könnte auch ein Allergietest bei einem Arzt vorab sinnvoll für dich sein. Wir wollen dir hier auf keinen Fall Angst machen, es geht nur um eine Abklärung. Auch wenn du dich für ein Produkt in der Drogerie entscheidest – unserer Ansicht nach ist es einfach sinnvoll, sich aus gesundheitlichen Gründen mit den Inhaltsstoffen auseinanderzusetzen. Das gilt auch für Pflanzenhaarfarbe – auch hier gibt es einen Unterschied zwischen zertifizierter Naturkosmetik und Mogelpackungen.

Tipp 2: Falten? Na und?!

Vielleicht sind es nicht die grauen Haare, die dich stören, sondern die einzelnen Falten, die sich mit den schlaflosen Nächten und dem täglichen Jonglieren mit Kind und Kegel ins Gesicht gemogelt haben. Die erste gute Nachricht: Wir werden fast alle irgendwann knitterig, natürlich bestätigen auch hier Ausnahmen die Regel. Das hilft dir vielleicht in diesem Moment nicht, deshalb möchten wir mit dir

gemeinsam einen Blick in den Spiegel werfen und damit zur zweiten guten Nachricht kommen: Jede Falte steht für einen Lebensabschnitt. Jede Falte ist Zeuge deines Lebens, deiner schlaflosen Nächte, wilder Partys, deines bezaubernden Lachens – vielleicht auch von Kummer, Traurigkeit oder Zweifeln. Der ganzen Bandbreite des Lebens eben.

APFELESSIG, VIEL TRINKEN ODER CREMEN GEGEN FALTEN?

Es gibt ein altes Hausmittelchen: Apfelessig. Darüber haben wir schon im ersten Kapitel gesprochen. Apfelessig soll gegen Falten wirken. Es ist nicht wissenschaftlich bewiesen, dennoch schwören viele Menschen auf ihn. Dem Apfelessig wird nachgesagt, dass er die Hautalterung durch seine Inhaltsstoffe (u. a. Vitamine und Mineralien) verlangsamt – so manch ein*e Ernährungsexpert*in schüttelt bei dem Thema nur mit dem Kopf und sagt: *Humbug!* Wir sagen aber: *Versuch macht klug!* Denn Apfelessig schadet offenbar auch nicht. Wenn du ihn ausprobieren möchtest, nimm bitte einen naturtrüben Bio-Apfelessig. Wenn du ihn trinken möchtest, was wir bisher bevorzugt haben, dann fange mit zwei Teelöffeln Apfelessig in einem Glas Wasser am Tag an. Süße bei Bedarf mit Honig. Und vergiss bitte danach nicht, mit der gleichen Menge Wasser nachzuspülen (u. a., damit die Säure nicht deine Zähne angreift). Apfelessig: Geheimwaffe oder völliger Humbug? Dazu haben wir übrigens einen Artikel auf MutterKutter veröffentlicht. Den findest du hier: https://mutterkutter.de/apfelessig/ Das Gute an Apfelessig ist – so oder so – die Flüssigkeitszufuhr. Und da sind wir schon beim Thema: Wasser hat einen positiven Effekt auf die Haut. Wenn du tendenziell eher zu wenig trinkst, dann achte einfach mal darauf, was mit deiner Haut im Allgemeinen passiert, wenn du eine Zeit lang mehr trinkst. Als Trink-Reminder stelle dir doch eine Flasche oder eine Karaffe immer in deine Nähe und fülle sie auf, sobald sie leer ist. Auch mit reichhaltigen, aber stinknormalen Feuchtigkeitscremes haben wir gute Erfahrungen rund um unsere Haut gemacht. Auch hier gilt: Achte bitte auf die Inhaltsstoffe.

Versuche deine Falten oder Fältchen liebevoll zu betrachten. Sie schreiben Geschichte. Und selbst wenn diese Geschichte nicht immer schön gewesen sein sollte – du bist im Hier. Im Jetzt. In diesem Moment. Das, was zählt im Leben, das ist doch eigentlich der Moment. Wir können die Vergangenheit nicht ändern, die Zukunft noch nicht leben. Wir sind im Jetzt. Und in diesem Jetzt bitten wir dich: Lächle deinen Falten zu. Lächle dir zu. Umarme dich und das Leben. Nimm deine Falten und deine Geschichte an!

 SO TASTEST DU DEINE BRUST RICHTIG AB

Mein Tipp: Bevor du beginnst, deine Brust abzutasten, stelle dich erst einmal vor den Spiegel und schaue dir deine beiden Brüste in Ruhe an. Hat sich irgendetwas verändert? Die Brustwarzen z. B.? Ist eine vielleicht plötzlich nach innen gezogen? Und was ist mit deiner Haut? Gibt es an einer Stelle irgendwo eine Hauteinziehung? Nun solltest du deine Arme einige Male anheben, um die Bewegung deiner Brust zu checken. Bewegen sich beide Brüste gleichzeitig? Zeigen sich irgendwo Einziehungen oder Vorwölbungen? Hast du deine Brust zunächst optisch kontrolliert, kannst du nun damit beginnen, sie abzutasten. Du solltest dafür den Arm neben der Brust, die du nun abtasten möchtest, angewinkelt an deinen Hinterkopf legen. Mit den drei mittleren Fingern deiner anderen Hand tastest du nun dein Brust Zentimeter für Zentimeter ab. Du musst dafür ein bisschen Druck ausüben, damit auch in den tieferen Schichten etwas spüren kannst. Merke dir den Punkt, an dem du anfängst, und arbeite dich dann einmal um deine Brust herum vor. Danach solltest du noch deine Achselhöhle kontrollieren, um zu schauen, ob deine Lymphknoten verdickt sind. Wenn du irgendetwas siehst oder tastest, was dir komisch vorkommt, wende dich bitte an deine Frauenärztin oder deinen Frauenarzt. Und ganz wichtig: Bitte keine Panik! Natürlich gibt es bösartige Erkrankungen der Brust, es gibt aber auch eine Vielzahl von harmlosen! Du solltest deinen Befund jetzt in Ruhe kontrollieren lassen.

Tipp 3: So siehst du das Wunder „Brust" wieder

Vielleicht erinnerst du dich auch an einen dieser Momente irgendwann nach der Geburt: Du standst vor dem Spiegel, hast deine Brüste angeschaut und dachtest nur: *What the fuck*! Du hast sie angestupst, sie wackelten wie ausgelutschte Luftballons gelangweilt hin und her, es fehlte eigentlich nur noch dieses *Pffft!*, denn: Die Luft scheint raus. Ja! Die Schwangerschaft macht was mit uns. Das Stillen (falls du gestillt hast) ebenfalls. Die Brüste verändern sich mit der Schwangerschaft – nach ein paar Monaten sehen sie bei der einen oder anderen vielleicht wieder fast wie früher aus. Genauer: Ungefähr sechs Monate nach dem Abstillen lagert sich wieder Fett in der Brust ein und dadurch kann sich die Form wieder verändern, so dass sie vielleicht fast wieder wie früher aussieht. Bei manchen Mamas ist sie jedoch kleiner nach der Schwangerschaft oder hat eine andere Form – und das auf Dauer.

Neben Schwangerschaften und Stillzeiten kommen irgendwann auch das Alter und die Erdanziehung dazu. Das Bindegewebe lässt nach. Auch wenn deine Brüste in den Wechseljahren wieder voller werden – wie mit Anfang zwanzig sehen sie wahrscheinlich nie mehr aus (außer vielleicht nach einer plastischen OP).

Wie geht es dir damit? Wir verstehen jeden traurigen Gedanken, jeden Unmut. Aber weißt du, was wir dir hier von Herzen sagen möchten: *Hey, liebe Mama – jede Brust ist schön. Jede! Auch deine! Und sie ist doch ein Wunder der Natur – alleine der Gedanke, dass unsere Brüste Babys ernähren können, ist doch cool – selbst wenn du dich gegen das Stillen entschieden hast. Die Veränderung deiner Brüste zeigt auch: Du hast Leben geboren. Du bist Mama! Was für ein Geschenk!* Und wir würden uns riesig darüber freuen, wenn du nun an dir herunterschaust und mit uns gemeinsam ein lautes *Hurra!* rufst!

SO VERÄNDERT SICH DEINE BRUST IN DEN WECHSELJAHREN

Die weibliche Brust – ein wahres Wunderwerk! Leider sind viele Frauen so gar nicht mit ihr zufrieden. Das ist sehr schade, schließlich ist sie, egal, in welcher Form oder Größe, etwas ganz Besonderes. Sie vermag ein Kind zu ernähren! Während eines Lebenszyklus verändert sich die Brust immer wieder. Ist sie in den jugendlichen Jahren noch sehr fest, so kann sie nach Schwangerschaften und Stillzeiten erste Ermüdungserscheinungen zeigen. Sie kann ihre Fülle verlieren, hängen und etwas müde wirken. In den Wechseljahren – und das erstaunt viele Frauen sehr – nimmt sie dann plötzlich wieder an Größe zu. Viele Frauen müssen nun sogar noch einmal ihre BH-Größe wechseln. Huch, was passiert denn jetzt? Ganz einfach: Die Brust baut sich nun noch einmal um! Statt Brustdrüsengewebe lagert sich nun durch den Abfall der weiblichen Hormone vermehrt Fettgewebe ein. Dadurch kann die Brust ordentlich an Größe zunehmen.

BITTE KAUFE DIR GUT SITZENDE BHS

Achte unbedingt darauf, dass dein BH gut sitzt – das gilt für deine Alltags- und für deine Sport-BHs. Sie sollten deine Brust stützen, erleichtern, sie nicht einschnüren oder quetschen. Wir raten dir zu einem Beratungsgespräch in einem Fachgeschäft. Ansonsten findest du auch im Internet gute Informationen zum richtigen Sitz.

Tipp 4: So nimmst du liebevoll ab

Das Gewicht nach der Geburt – unserer Erfahrung nach ist es bei vielen Mamas ein Thema. Wie geht es dir damit? Fühlst du dich rundum wohl? Oder hast du das Gefühl, dass du abnehmen „musst"? Wir möchten dir zuallererst einen Gedanken mit auf den Weg geben: Das Wort „müssen" darfst du streichen. Denn du bist du und das ist dein Körper. Spürst du auch diesen Gewichtsdruck, der leider immer noch von einem großen Teil der Werbeindustrie ausgeübt wird? Wirkt er sich vielleicht bei dir darauf aus, wie du dich selbst im Spiegel anschaust oder wie du deinen Körper und dein Gewicht bewertest? Wir mögen diesen Druck überhaupt nicht. Diesen Druck, wie wir Frauen angeblich auszusehen haben sollen – schlank, durchgestylt, sportlich mit durchtrainiertem Bauch! Dieses Körperbild ist nicht nur extrem weit weg von unserem Alltag – dieses Bild ist vor allem diskriminierend. Von diesem Bild möchten wir hier entschieden Abstand nehmen. Wir sind froh, dass sich in diesem Bereich bis heute schon viel verändert hat: Immer öfter werden Frauen mit vielen Rundungen, Kurven, Falten und Dellen gezeigt. Unsere Schönheit hängt nun einmal nicht am Gewicht. Schönheit sollte zudem kein gesellschaftliches Ideal sein. Ideale pressen uns Mütter nur in irgendeine oft realitätsferne Passform. Und mal im Ernst: Wie viele Frauen sehen wirklich so aus? Und außerdem haben wir Mamas einen Bauch, in dem jemand gewohnt hat. Einen Körper, der Leben geschenkt hat. Wir hatten das Thema schon – Werbung und Social Media machen oft was mit uns. Sie triggern uns. Und das kann wehtun. Du bist du. Dein Körper gehört zu dir und er hat Wundervolles geleistet.

Aber trotz allem wissen wir aus Gesprächen mit vielen Müttern, dass sie sich mit ihrem Gewicht nicht wohlfühlen – auch ein paar Jahre nach der Geburt oder den Geburten. Vielleicht geht es dir grad ganz genauso. Wir sprechen nicht von einem idealisierten Werbegewicht, das die Mamas gerne erreichen möchten. Vielmehr geht es um ihr persönliches Wohlfühlgewicht von früher, zu dem sie gerne zurück möchten. Manchmal sind das fünf, zehn oder 15 Kilo, die sie gerne abnehmen möchten. Manchmal auch mehr.

Wie tut mir Abnehmen gut?

Bitte behalte auch beim Abnehmen immer im Blick, dass du du bist – und dein Körper wahrscheinlich andere Dinge braucht als der deiner Freundin. Das heißt: Wenn deine Freundin mit einem bestimmten

Diät-Programm Erfolg hatte, muss es nicht auch das Ding für dich sein. Frage dich im ersten Schritt, was dir leichtfällt, wie Abnehmen für dich sinnvoll ist und wie du es ohne Druck in den Alltag integrieren kannst. Denn auch das ist wichtig: Es darf leicht sein und sollte kein Kampf werden. Beachte dabei bitte auch, welche Veranlagung du hast und welches dein Normalgewicht ist. Bitte hungere dich nicht herunter – und kümmere dich auch beim Abnehmen um dich, sprich mit einer ausgewogenen Ernährung und genügend Flüssigkeitszufuhr. Wichtig ist: Mache dir bitte keinen Druck – es geht nur um dich, um niemand anderen.

So kannst du bewusst abnehmen:
Wir sind keine Fans von irgendwelchen strengen Diäten – das vorweg. Denn oft setzt nach einem strengen Programm der sogenannte Jo-Jo-Effekt ein. Wir raten dir dazu, bewusst abzunehmen. Das heißt: Ziehe in einem ersten Schritt doch einfach mal eine Tagesbilanz und schaue, wie viel du wirklich über den Tag verteilt isst. Sei ehrlich mit dir, ohne dich selbst zu verurteilen. Isst du vielleicht auch die Reste vom Kinder-Frühstücksteller, weil du sie nicht wegschmeißen magst? Kaufst du dir an der Tankstelle gerne einen kleinen Schokoriegel für längere Fahrten? Oder brauchst du täglich einen süßen Joghurt nachmittags, um wieder in Fahrt zu kommen? Schreibe doch alles einfach mal zusammen und schaue, ob es etwas gibt, was du weglassen kannst – etwas, bei dem du fühlst, dass es zu viel ist oder du Bauchweh bekommst.

Im zweiten Schritt versuchst du, Essen und Bewegung in ein Verhältnis zu setzen, das dir das Abnehmen ermöglicht. Das heißt, dass du dich mehr bewegst, als du isst – wir haben dir ja schon im ersten Kapitel erklärt, wie du mehr Sport in dein Leben integrieren kannst – und wie du den Süßigkeiten-Heißhunger stillen kannst. Dabei hilft uns auch der altbekannte Klassiker: weniger Kohlenhydrate bzw. nach 18 Uhr keine Kohlenhydrate und dafür mehr Gemüse. Achte darauf, dass du verarbeitete Lebensmittel, wie Fertiggerichte, meidest. Mache dir abends z. B. einen Salat statt Nudeln oder Kartoffeln. Stichwort: Low Carb. Es gibt viele tolle Rezepte im Netz. Versuche es doch einfach mal mit einem, das dir zusagt.

Tipp 5: Schaue dir öfter selbst in die Augen

Achtung, wir überspitzen hier bewusst: Du kennst diesen schnellen Blick in den Spiegel wahrscheinlich auch. Eben kurz gecheckt, ob die Haare sitzen, auch die eigenen Mundwinkel frei von Essensresten sind, der Schlaf aus dem Auge verschwunden ist oder die Zahnpasta nun auch wirklich nicht mehr am Kinn klebt. Wir sprechen von diesem kurzen Hygienecheck, der nur darauf abzielt, zu schauen, ob du unter Leute kannst. Du vergisst dabei vollkommen, dich endlich mal wieder bewusst im Spiegel anzuschauen. Deine Gedanken sind ganz woanders. Wenn du es dann mal tust, erschrickst du fast, weil du denkst: *AHA! So sehe ich also aus? Interessant!* Vielleicht meidest du aber auch dein Spiegelbild, weil du dich nicht wohlfühlst. Oder denkst du auch manchmal: *Boah, nee, wie sehe ich denn aus? War das gestern schon so? Hilfe!* Vielleicht siehst du müde Haut, dicke Augenringe, weniger Glanz, verfluchst die Schwerkraft oder hast sogar Tage, an denen du den Spiegel lieber umdrehst oder schnell an ihm vorbeihuschst, weil du dein Spiegelbild grad selbst nicht so gerne magst.

An dieser Stelle möchten wir dich einladen, dir mal eine Woche lang jeden Tag fünf Minuten Zeit zu nehmen und dich mal selbst mit offenen Augen liebevoll zu betrachten. Schaue dir selbst in die Augen! In dieselben schönen Augen, die du schon immer hattest. Sieh dasselbe schöne Gesicht, das dich schon dein Leben lang begleitet, denselben schönen Körper, der dein Kind bzw. deine Kinder ausgetragen hat. Und sage einfach mal bewusst: *DANKE!* Deinem Körper und dir selbst. Schaue dich an, nimm dich bitte wahr – du bist so viel wert. Dein Körper, deine Haut, dein Gesicht – sie haben sich wahrscheinlich verändert. Wir sagen dazu: *Na und?* Das gehört doch zum Leben dazu – das bedeutet, dass du dich weiterbewegst und nicht stehen bleibst. Und dass du lebst! Vielleicht hast du einen anderen Ausdruck bekommen, das Jugendliche abgestreift oder ein neues Lächeln gewonnen. TOLL! Veränderungen sind fantastisch! Du bist nicht nur einzigartig – auch wenn das immer so abgedroschen klingt, aber so ist es ja nun einmal – du bist auch die Frau, die sich selbst lieben und ihre Veränderungen annehmen darf. Und dabei kann ein täglicher liebevoll-lächelnder Blick in die eigenen Augen ungeheuer helfen!

Aber: Was ist, wenn du nicht alle Veränderungen einfach so hinnehmen möchtest?

TV-Moderatorin und Bestseller-Autorin Anna Funck sagt Nein! und erklärt, was du machen kannst, wenn du dich nicht (mehr) wohlfühlst.

„Ich würde mir wirklich überlegen, ob ich die Veränderung annehmen muss.“

Liebe Anna, du hast eine Karriere als Moderatorin hinter dir. Du warst lange beim Fernsehen, hast große Galas moderiert und standst für eine renommierte Firma vor der Kamera. Dein Aussehen hat ja sicherlich immer eine Rolle in deinem Berufsleben gespielt, oder? Wie groß ist der Druck, in diesem Job möglichst jung zu bleiben und immer gut auszusehen?

Jetzt hast du mich eiskalt erwischt. Darüber habe ich mir bisher nicht so viele Gedanken gemacht. Ich weiß nur eins: Ich will gar nicht jung bleiben. Mir war immer nur eins wichtig: frisch aussehen. Ich denke, man kann in jedem Alter gut aussehen. Und das ist mein persönliches Ziel. Ich bin jetzt 40 und mache daraus kein Geheimnis. Was mir allerdings wichtig ist, wenn ich auf einer Bühne oder vor einer Kamera stehe: Ein gutes Make-up und ein tolles Outfit, das zu mir passt. Und das organisiere ich mir, ich fordere es ein. Sonst muss halt jemand anderes gebucht werden. Das erlaube ich mir nach all den Jahren Berufserfahrung. Früher habe ich immer den Kopf darüber geschüttelt, wenn ich gehört habe, dass J.Lo weiße Lilien in ihre

Garderobe bestellt haben soll. Jetzt denke ich: *Why not?* Ich steh jetzt zwar nicht auf Lilien, aber jeder sollte in diesem Geschäft unter den Bedingungen arbeiten dürfen, die er braucht.

Wie hast du es geschafft, Kritik nicht nah an dich rankommen zu lassen?

Ich habe früh gelernt, dass es immer jemanden gibt, dem du zu laut, zu temperamentvoll oder zu bunt bist. In meinen Schulzeiten gründete eine Mitschülerin tatsächlich den Anna-Hass-Club, weil sie fand, dass ich immer alle Jungs bezirzen würde und plötzlich waren fast alle Mädels Mitglied. Das war hart. Die längsten zwei Wochen meines Lebens. Jeden Tag habe ich damals eine Kleenexbox kaputtgeweint. Aber ich habe auch gesehen, wer noch an meiner Seite war. Ich weiß, dass ich polarisiere und habe beschlossen, das vollkommen okay zu finden. Wenn mir heute jemand negatives Feedback bezüglich meiner Bücher gibt, lese ich es natürlich, aber es perlt an mir ab wie an Teflon. Der Bestseller-Aufkleber gibt mir ja auch irgendwie ein bisschen Recht. Und wenn es nur eine miese Rezension gibt und 59 mit fünf Sternen, wäre es ja auch komisch, wenn mich das stören würde. Aber ich habe auch begriffen: Ich bin nun mal ich. Mehr nicht. Das reicht. Und niemand kann aus seiner Haut. Das ist in Ordnung. Deshalb kann ich auch (fast) alles verstehen und verzeihen.

Mama werden heißt ja nun mal, dass sich unser Körper verändert. Welche weiblichen Veränderungen hast du am meisten gespürt? Und wie bist du mit ihnen umgegangen (mental und praktisch)?

Ich muss gestehen: Ich glaube, ich habe da großes Glück. Mein Körper ist nach drei Kindern nicht viel anders. Ich habe keine Streifen und keine Cellulite. Sicher, meine Bauchdecke ist etwas weicher, aber auch nicht so sehr. Insofern bin ich da keine gute Ansprechpartnerin. Ich plane, irgendwann wieder joggen zu gehen. Wenn ich das jemals wieder schaffe mit drei Kindern. (Ich lache gerade laut!) Ansonsten würde ich immer mit der Ernährung gegensteuern. Mich abfinden mit einem Körper, der mir nicht gefällt, könnte ich nicht. Ich würde immer daran arbeiten. Und wenn Sport zeitlich schwierig ist, dann eben mit Apfelessig und Spaziergängen. Bewegung ist auch ein Schlüssel und es muss ja nicht gleich ein Marathon sein.

Graue Haare oder Falten gehören für die meisten von uns zum Älterwerden dazu. Wie ist es bei dir? Und wie empfindest du das Altern?

Graue Haare habe ich noch nicht und Falten – klar – die kommen. Bisher finde ich die, die ich habe, ganz okay. Nur die nach miesen Nächten, die mag ich nicht. Altern ist auf jeden Fall hart und wird bestimmt immer härter. Aufhalten können wir es ja nicht. Ich stelle fest, dass mir zunehmend wichtig ist, mich altersgerecht zu kleiden. Chucks trage ich nicht mehr. Ich habe mir eine lässige, aber erwachsene edle Trenchcoat-Jacke gekauft, die jede Jeans aufwertet. Darunter geht auch ein schlichtes weißes T-Shirt – man sieht trotzdem immer angezogen aus. Ich trage eine schöne Handtasche mit mir herum, ein Erbstück meiner Mutter. Ich möchte mich auf keinen Fall anziehen wie meine große Tochter. Ansonsten denke ich, jeder muss mit dem Alter so umgehen, wie er es braucht. Wenn gefärbtes Haar oder Botox dazugehört – auch okay.

Welche Tipps hast du für alle Mütter, denen es schwerfällt, weibliche Veränderungen anzunehmen? Wie kann es gut gelingen? Und vielleicht hast du dazu ja auch noch einen Booster für schöne Haare oder glatte Haut für uns in der Tasche?

Ich würde mir wirklich überlegen, ob ich die Veränderung annehmen muss. Sein Gewicht kann man immer ändern und seine Figur auch. Und zu sagen: Ich bin jetzt älter, ich kann halt nicht mehr abnehmen, ist Blödsinn. Dann würde ich meinen Stoffwechsel auf Trab bringen und alles von innen „durchrenovieren". Wenn es um so etwas geht wie eine Kaiserschnittnarbe – habe ich ja auch – kann ich nur sagen: Ich liebe diese Narbe, denn sie hat alle meine Kinder aus meinem Bauch ans Tageslicht befördert. Schön ist sie nicht, aber sie gehört zu uns. Fertig. Ich denke darüber überhaupt nicht nach. Abhaken. Fertig. Manches ist so simpel im Leben.

Dein zweiter Körpercheck: Erste Hilfe bei typisch weiblichen Veränderungen

Klar, bist du mit einem Körper nicht hundertprozentig zufrieden. Es gibt einige Dinge, die du gerne ändern würdest. Mit den Jahren bist du aber deutlich gnädiger dir und deinem Körper gegenüber geworden. Vielleicht hast du sogar Frieden geschlossen. Mit dem Leberfleck knapp über deiner Oberlippe, der leider nicht sexy-verrucht aussieht wie bei Cindy Crawford, sondern eher so, als ob da noch ein bisschen Nutella vom Frühstück klebt. Mit deiner Körbchengröße A, die du immer noch versuchst, hochzupushen, damit es wenigstens so wirkt, als ob du ein Dekolleté hättest. Oder mit deinen Fisselhaaren, die du dir regelmäßig zu einem Messy Bun hochbindest, weil diese Frisur, die eigentlich keine ist, irgendwie annähernd stylisch aussieht. Und dazu noch beinahe jugendlich wirkt. Das geht inzwischen alles klar für dich. Denn du hast erkannt: Du bist eben einfach etwas ganz Besonderes! Eigentlich wäre jetzt alles gut, wenn, ja, wenn sich nicht plötzlich ganz andere „Baustellen" auftun würden. Körperliche „Baustellen", die dich leider nicht „nur" optisch stören, sondern die dich auch in deiner Lebensqualität einschränken. Und davon gibt es mittlerweile leider einige.

Seitdem du Mama bist, hat sich dein Körper höchstwahrscheinlich auch verändert. Vielleicht hast du erst mit der Schwangerschaft Bekanntschaft mit deinem Beckenboden gemacht. Oft ist er ja vorher eher so die große Unbekannte. Möglicherweise hat sich auch bei dir die Menstruation verändert, du hast mehr Schmerzen, blutest stärker oder merkst, dass deine Stimmung sich rund um deine Periode stark verändert. Jetzt kümmern wir uns mit vielen schulmedizinischen und naturheilkundlichen Tipps um typisch weibliche Veränderungen – neben dem Beckenboden und der Menstruation sprechen wir mit dir über das Bindegewebe und die richtige Narbenpflege.

Dein Beckenboden: So machst du ihn wieder fit

Der Beckenboden ist ein Geflecht aus Muskeln, Bändern und Binde-gewebssträngen und ist in etwa vier Zentimeter dick. Seine Aufgabe besteht darin, zwischen Anspannung und Entspannung zu wechseln und somit dafür zu sorgen, dass du einerseits „dicht" im Bereich von Harnblase, Harnröhre und Anus bist, andererseits problemlos Was-serlassen und Stuhlgang haben kannst. Zudem hält er deine Becken-organe. Er ist also ganz schön schlau, dieser Beckenboden. Leider schenken wir ihm alle in unserem Alltag viel zu wenig Aufmerk-samkeit und denken nicht daran, ihn regelmäßig zu trainieren. Das ist es nämlich, was man mit einem Muskel tun müsste, damit er in Form bleibt. Mit der Zeit, besser gesagt, mit den Jahren verliert dein Beckenboden deshalb an Stabilität. Schwangerschaften, Geburten und überhaupt eine Bindegewebsschwäche tun ihr Übriges. Am Ende hängt er eine Etage tiefer und die ersten Probleme tauchen auf. Die Verschlussfunktion will nicht mehr so, wie sie soll und deshalb ver-lierst du in bestimmten Situationen immer wieder Urin. Besonders dann, wenn der sogenannte intraabdominale Druck, also der Druck im Bauch, steigt. Besser gesagt beim Lachen, Husten, Niesen, manch-mal auch beim Treppensteigen. Das stört dich gewaltig und das ist auch mehr als verständlich.

Wusstest du, dass jede fünfte Frau zwischen Mitte zwanzig und Mitte siebzig mit ihrem Beckenboden Probleme bekommen wird? Erfreulich ist, dass man sich heute darüber bewusst ist, was es für eine Einschrän-kung der Lebensqualität bedeutet, wenn man ständig vor sich „hintröp-felt". Wir schreiben übrigens bewusst „man", denn auch Männer kön-nen, z. B. nach Prostataoperationen, davon betroffen sein. Mittlerweile sind die Frauen mutiger geworden und trauen sich, über ihr Leiden zu sprechen. Das Tabuthema „Beckenbodenschwäche" wird endlich nicht mehr totgeschwiegen. Beckenbodenzentren sind in fast jeder Stadt, an eine Klinik gekoppelt, zu finden. Erfahrene Gynäkolog*innen arbeiten dort mit Therapeut*innen Hand in Hand und erarbeiten individuelle

Therapiekonzepte. Du kannst dir von deiner Gynäkologin oder deinem Gynäkologen eine Überweisung dorthin ausstellen lassen. Nun sind ja Konzepte immer großartig, da sie Erfolg versprechen. Fakt ist aber, dass nur DU alleine für den Erfolg verantwortlich sein wirst. Du musst dir im Klaren darüber sein, dass du dir Zeit für deinen Beckenboden nehmen musst. Erfahrungsgemäß kannst du davon ausgehen, dass du mindestens alle zwei Tage ein Gymnastikprogramm von 15 Minuten durchführen solltest, damit du nach ungefähr drei Monaten erste Erfolge spüren kannst. Wenn du immer nur sporadisch turnst, wird sich auch keine wesentliche Besserung einstellen.

Die folgenden Tipps helfen dir dabei, deinen Beckenboden zu stärken:

Lerne, deinen Beckenboden zu spüren: Das Problem ist häufig, dass viele Frauen gar kein Gefühl für ihren Beckenboden haben. Sie wissen gar nicht so recht, wo er ist, und wie sie die Muskeln trainieren können. Deshalb solltest du deinen Beckenboden zunächst einmal ganz in Ruhe kennenlernen. Dafür gibt es zwei recht einfach Möglichkeiten. Einmal kannst du während des Pipimachens deinen Harnstrahl ganz bewusst unterbrechen. Dafür nutzt du deine Beckenbodenmuskulatur. Fühlst du sie? Fühlst du, wie du sie anspannst? Du kannst sie aber auch tatsächlich mit deinen Fingern ertasten. Führe dafür zwei Finger in deine Scheide ein. Nun spanne deine Beckenmuskulatur an. Kannst du spüren, wie deine Finger umspannt werden? Das ist er, dein Beckenboden!

Besuche deinen Frauenarzt bzw. deine Frauenärztin! Das stärkt natürlich noch nicht deinen Beckenboden, aber du bekommst das, was du als Allererstes brauchst: eine richtige Diagnose! Die ist nämlich nötig, um zu wissen, ob dir einfache Maßnahmen, deinen Beckenboden zu stärken, ausreichen oder ob du möglicherweise von einem operativen Eingriff oder anderen medizinischen Hilfsmitteln profitieren würdest. Aber keine Panik – meist ist keine OP oder Ähnliches nötig!

Kümmere dich um deine hormonelle Situation: Durch ein Absinken der Östrogene in den Wechseljahren, die schon um das fünfundvierzigste Lebensjahr und auch früher beginnen können, kann eine Beckenbodenschwäche entstehen, da durch den Hormonmangel die Elastizität nachlässt. Hier kann man gut mit östrogenhaltigen Cremes helfen. Meist geschieht dies in Kombination mit Pessaren, die tief in die Vagina eingeführt werden. Der Beckenboden erhält dadurch eine Halte-Unterstützung von unten und die Harnröhre wird dabei leicht zusammengedrückt. Diese Variante ist besonders bei Sportlerinnen beliebt, da sie so „Strecke ohne Auslaufen" machen können. Mehr Informationen bekommst du bei deiner Frauenärztin oder deinem Frauenarzt.

Gewicht und Rauchen spielen eine Rolle: Ein bestehendes Übergewicht sollte in Angriff genommen werden. Mit jedem verlorenen Kilo Körpergewicht nimmst du dem Beckenboden eine Last ab. Auch Rauchen kann für den Beckenboden ein Problem sein. Stellt sich nämlich ein Raucherhusten ein, ist jedes Mal der Beckenboden durch den Druck nach unten involviert.

Mache Beckenbodengymnastik: Es ist nie zu spät, deine Beckenbodenmuskulatur zu trainieren und somit wieder zu stärken. Wichtig ist hierbei, dass du konsequent am Ball bleibst. Das Tolle ist, dass du diese Übungen ganz leicht in deinen Alltag integrieren und problemlos zu Hause machen kannst, manche sogar unterwegs. Es ist natürlich wichtig, dass du die effektiven Übungen am Anfang einmal richtig gezeigt bekommst. Viele Turnvereine, Volkshochschulen oder auch Fitnessstudios bieten Kurse an. Vielleicht hast du auch die Möglichkeit, sie dir einmal von einem Physiotherapeuten oder einer Physiotherapeutin zeigen zu lassen. Tolle Übungen findest du übrigens auch unter www.pelvina.de.

HIER SCHON EINMAL FÜR DEN EINSTIEG DREI EASY ÜBUNGEN

1. Lege dich auf den Rücken und stelle deine Beine auf. Die Füße sind dabei etwa hüftbreit auseinander, deine Arme liegen flach neben deinem Körper. Atme langsam ein und aus. Hebe nun langsam Wirbel für Wirbel deinen Rücken vom Po aus an und gehe in die Brücke. Spanne dabei deinen Beckenboden an. Halte diese Spannung etwa für fünf Sekunden. Entspanne deinen Beckenboden nun für etwa zehn Sekunden, bleibe dabei aber weiter in der Brücke. Wiederhole die An- und Entspannung etwa zehn Minuten lang.

2. Du verbringst einen großen Teil deines Tages mit Warten. Diese Zeit kannst du nutzen! Wenn du z. B. an der Ampel stehst, stelle dir vor, dass dein Beckenboden ein Aufzug ist. Wenn er in deiner Vorstellung nach oben fährt, atmest du langsam und tief ein und spannst deinen Beckenboden an. Wenn er wieder nach unten fährt, atmest du aus und lässt langsam locker.

3. Diese Beckenboden-Übung kannst du parallel zum Zähneputzen durchführen, damit hast du schon täglich fünf Minuten etwas für dich getan: Du atmest aus und ziehst dabei den Beckenboden nach oben. Parallel dazu ziehst du den Bauchnabel in Richtung Zwerchfell. Stelle dich dabei auf die Zehenspitzen. Halte die Spannung für einen Moment, atme dabei weiter und löse die Übung auf, indem du dich wieder auf die Fußsohlen stellst. *Voilà, es kann so einfach sein!*

Lass dir ein Rezept für Beckenbodengymnastik ausstellen: Hast du Probleme damit, deinen Beckenboden zu spüren oder die oben genannten Übungen anzuwenden, dann holst dir am besten ein Rezept für eine*n Physiotherapeut*in oder auch für eine*n Osteopath*in und lässt dich eine Weile angeleitet begleiten. Dann weißt du auch, dass du auf dem richtigen Weg bist. Manchmal braucht es einfach professionelle Starthilfe!

Benutze Liebeskugeln! Um deinen Beckenboden weiter zu stärken, kannst du außerdem Liebeskugeln benutzen. *Liebeskugeln, bitte!? Sexspielzeug?* In diesem Fall nicht nur (und irgendwie doch, denn ein starker Beckenboden verstärkt auch dein Lustempfinden!)! Du kannst die Muskeln deines Beckenbodens nämlich auch dadurch trainieren, dass du mehrmals in der Woche zwei Liebeskugeln in deine Scheide einlegst. Dadurch, dass diese beginnen, zu schwingen, spannt sich dein Beckenboden automatisch an. Ein sehr effektives und von außen nicht sichtbares Training!

Bewegung ist wichtig für den Beckenboden: Wir leben in den westlichen Ländern in einer Kultur, in der das Becken nicht integriert zu sein scheint. Bewegungsmangel und vieles Sitzen haben ihren Anteil an vielen Problemen, da die Durchblutung des Beckens eingeschränkt wird. Typische Frauenleiden, wie Hormonungleichgewicht, chronische Blaseninfektionen, Blasenschwäche, unerfüllter Kinderwunsch u. v. m., können dadurch auftreten. Also, liebe Mama, wie wäre es mit einer Runde Tanzen, Nordic Walking oder Inline-Skaten? „Move your hips" sollte dein neues Motto sein.

Beifuß wirkt unterstützend: Sehr gerne empfehlen wir zur Unterstützung des Beckenbodens ein Kraut, mit dem unter anderem die Weihnachtsgans gefüllt wird. Beifuß – er wirkt unter anderem hormonausgleichend und durchblutungsfördernd. Der Beifuß ist, wie der Ackerschachtelhalm auch, reich an Kieselsäure. Diese unterstützt unser Binde- und Stützgewebe und durch den besonders hohen Gehalt an Mineralstoffen werden auch noch unsere Knochen, Haare und u. a. Nägel gestärkt. Zu gleichen Teilen wird eine Teemischung aus Beifuß, Ackerschachtelhalm, Schafgarbe und Frauenmantel hergestellt. Davon werden pro Tag drei Tassen getrunken. In der Schwangerschaft darf dieser Tee allerdings nicht zu sich genommen werden, da Beifuß eine Wehen auslösende Wirkung hat.

DER BECKENBODEN-STRESSTEST

Du kannst übrigens einen Beckenboden-Stresstest machen. Der Klassiker ist der Kindergeburtstag, denn spätestens beim Luftballon-aufblasen merkst du, ob dein Beckenboden dicht hält oder nicht. Alternativ kannst du mit deinen Kindern aufs Trampolin gehen und hüpfen. Was macht dein Beckenboden in dieser Situation? Wir möchten dir ans Herz legen: Nimm diesen Zustand nicht einfach hin, aber bitte verzweifle auch nicht. Natürlich ist es unangenehm, wenn die Blase undicht ist und du auf entsprechende Hygieneprodukte mit dem Zusatzhinweis „diskret" zurückgreifen musst. Aber, wie wir mit diesem Kapitel aufzeigen: Es gibt viele Lösungen für Becken-bodenprobleme. Und dazu bist du damit längst nicht alleine!

So pflegst du deine Narben richtig

Die Zeit hinterlässt also ihre Spuren. Manchmal sind diese sichtbar, manchmal nicht. Dein Körper trägt mittlerweile Narben. Möglicherweise von einem Kaiserschnitt, vielleicht aber auch von anderen Operationen an deinem Bauch oder an deiner Brust. Narben können sämtliche Farben und Formen haben. Wusstest du, dass sie sich sogar bis zu zwei Jahren nach ihrer Entstehung noch verändern können? Viele Frauen würden ihre Narben gerne mit Stolz tragen. Schließlich haben sie eine Geschichte zu erzählen. Es geht ihnen gar nicht unbedingt darum, dass sie sich optisch von diesen alten Verletzungen eingeschränkt fühlen. Aber Narben können auch einen gehörigen Einfluss auf die Lebensqualität haben. Sie können hart werden, wehtun, empfindlich auf Sonnenlicht reagieren und überhaupt große Probleme bereiten.

So entsteht Narbengewebe

Der Reparaturmechanismus deiner Haut unterliegt verschiedenen Phasen. Mit dem Ende der Wundheilung beginnt die Bildung von

Narbengewebe. Dieses besteht aus Kollagenfasern, ist aber insgesamt weniger elastisch als deine restliche Haut. Die Bildung dieser Kollagenfasern ist bei jedem Menschen unterschiedlich; bei manchen mehr, bei anderen wiederum weniger. Manchmal kann es zu einer überschießenden Bildung kommen und es entsteht sogenanntes kelloides Narbengewebe. Hier erscheint die Narbe wulstig und dunkel gefärbt. Es ist nicht immer möglich, Narben zu verhindern. Gerade wenn tiefere Hautschichten von einer Verletzung betroffen sind, wird das nicht gelingen. Aber du kannst schon von Anfang an (und auch später!) etwas dafür tun, dass deine Lebensqualität durch sie nicht eingeschränkt wird und sie im Verlauf nicht schmerzhaft und störend sind.

In der Traditionellen Chinesischen Medizin wird Narbengewebe übrigens eine viel höhere Aufmerksamkeit geschenkt als in unserer westlichen Kultur. Nach einer Verletzung oder Operation „repariert" der Körper zwar das durchtrennte Gewebe, indem Bindegewebe aufgefüllt wird, allerdings hat dieses Gewebe keine Funktion mehr. Das heißt, dass Talg- und Schweißdrüsen dort nicht mehr vorhanden sind. Insgesamt ist das Gewebe auch schlechter durchblutet, da das Bindegewebe in der Regel verklebt ist. Oft zeigen sich erst nach Jahren Symptome, die man zunächst nicht in Zusammenhang mit einer Operationsnarbe bringt. Ein klassisches Beispiel sind Knieschmerzen bei älteren Damen. Es handelt sich dabei um die Generation von Müttern, die in den 1970er-Jahren per Kaiserschnitt ihre Kinder entbunden haben. Die Knieschmerzen, die ohne Befund sind, können von alten Sectio-Narben ausgelöst worden sein, denen im weiteren Lebensverlauf keine Beachtung mehr geschenkt wurde. Der Energiefluss im Körper ist gestört, sodass es zu einer Anstauung in anderen Körperregionen kommen kann, was dann wiederum Schmerzen auslösen kann. Gerade bei einem Kaiserschnitt werden sehr viele Energieleitbahnen durchtrennt, was aus Sicht der TCM schwere energetische Folgen haben kann.

Folgende Tipps helfen dir bei der Narbenpflege:

Am besten du beginnst mit der Behandlung deiner Narbe direkt nach der abgeschlossenen Wundheilung. Fängst du genau dann an, hast du die größten Chancen, die Narbenbildung günstig zu beeinflussen!

Bewege deine Narbe vorsichtig: Fasse dafür ganz vorsichtig und mit einem Abstand von mindestens zwei Zentimetern die Wundränder an. Wenn du die Haut nun bewegst, wird automatisch die abgeheilte Wunde mitbewegt. Dadurch steigerst du die Durchblutung an dieser Stelle, das Bindegewebe wird insgesamt lockerer und weicher.

Gewöhne dir eine tägliche Massage deiner Narbe an: Jeden Tag nach dem Duschen trägst du ein Vitamin-E-haltiges Produkt, z. B. Weizenkeimöl, auf und massierst nach folgendem Schema für zwei bis drei Minuten das Gewebe:

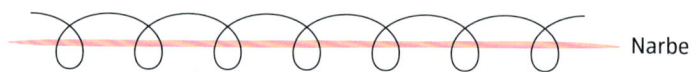

Massiere mehrmals mit mäßigem Druck kreisförmig über die Naht.

Die Massage erfolgt ebenfalls mehrmals in einem auf- und absteigenden Treppenmuster.

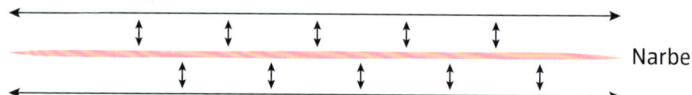

Streiche ober- und unterhalb der Naht hin und her.
Zupfe leicht die Haut zur Naht hin und wieder weg.

Frische Narben darfst du übrigens erst dann massieren, wenn sie komplett verheilt sind. In der Regel ist die Wundheilung nach einem Monat abgeschlossen. Solltest du nach einem Jahr immer noch ein Taubheitsgefühl oder eine sehr alte und feste Narbe haben, kannst du dir bei einem*einer Heilpraktiker*in oder einem Osteopathen bzw. bei einer Osteopathin deines Vertrauens die Narbe entstören lassen, z. B. durch Akupunktur, Akupressur, Moxibustion oder Unterspritzungen mit Kochsalzlösung.

Vermeide Sonne! Gerade frische Narben solltest du vor starker Sonneneinstrahlung schützen, da sie sich sonst schnell dunkel verfärben können. Besser du deckst sie ab, wenn du verstärkt Sonnenlicht ausgesetzt bist.

Versuche eine Kompressionstherapie! Hierzu brauchst du Hilfe von einem Arzt bzw. einer Ärztin oder anderen medizinisch versierten Personen. Wird ein passender Kompressionsverband angelegt, erfolgt eine Druckbehandlung der Narbe. Für einige Körperteile gibt es auch spezielle Kompressionskleidung. Durch den dauerhaft ausgeübten Druck wird eine überschießende Bildung von Bindegewebe verhindert und außerdem die gleichmäßige Anordnung der Bindegewebszellen unterstützt.

Pflege deine Narbe! Durch eine gezielte Pflege des Narbengewebes mit speziellen Cremes oder Gels wird das entstehende Bindegewebe deutlich weicher und flacher. Deshalb solltest du bereits nach abgeschlossener Wundheilung damit beginnen, dich liebevoll um deine entstehende Narbe zu kümmern und sie zu pflegen.

Menstruation: So geht es dir während der Regel gut

Wie fühlst du dich während deiner Periode? Gehörst du zu den Frauen, die das Glück haben, sich währenddessen besonders weiblich zu fühlen, oder zu denen, die nun eher einem Zombie gleichen? Mit Stimmungsschwankungen, Pickelchen und Unterleibsschmerzen? Wenn du Typ A bist: *Herzlichen Glückwunsch!* Bei Typ B: *We feel you!* Es geht so vielen Frauen wie dir! Ja, du hast richtig gelesen – Frauen! Es sind nicht nur die jungen Mädchen, die mitten in der Pubertät stecken und deren Hormonstatus sich erst einpendeln muss, die jeden Monat unter starke Beschwerden leiden. Bei einigen Frauen verstärken sich diese nach Schwangerschaften und Geburten sogar noch. Besonders in den ersten Monaten nach einer Geburt kann die Periode nämlich noch stärker und auch schmerzhafter sein. Die Gebärmutter ist noch vergrößert, hat deshalb mehr Oberfläche, die stärker blutet und zieht sich vermehrt zusammen, was eben auch verstärkte Unterleibsschmerzen bedeuten kann. Meist pendelt sich das in den darauffolgenden Zyklen wieder ein. Aber was kannst du tun, damit du dich nicht einmal im Monat wie von einem anderen Planten fühlst? Wir sagen es dir!

Folgende Tipps helfen dir bei Menstruationsbeschwerden

Bewege dich: Kurz vor deiner Periode fällt dein Östrogenspiegel ab. Das ist völlig normal, deswegen aber nicht weniger unangenehm für dich. Es kommt dadurch nämlich auch zu einem Abfall des Glückshormons „Serotonin". Und das bedeutet für viele Frauen Stimmungsschwankungen, Traurigkeit und nicht selten die Verstärkung von Depressionen und Panikattacken. Die Wunderwaffe heißt hier: Sport! Am besten an der frischen Luft. Lass dir einmal richtig den Wind um die Nase wehen. Körperliche Bewegung fördert die Durchblutung und wirkt deshalb schmerzlindernd, außerdem – und das ist hier ganz wichtig! – die Ausschüttung von Endorphinen. Und die heben bekanntlich die Stimmung. Auch wenn es dir also schwerfällt, bitte bewege dich!

Massiere mit einer speziellen Ölmischung: Es gibt fertige Ölmischungen in der Apotheke zu kaufen, die speziell auf die Bedürfnisse während der Menstruation zugeschnitten sind. Sie enthalten unter anderem Nachtkerzenöl, Muskatellersalbei, Kamille, Majoran und Melisse. Auf dem Bauch einmassiert, wirst du recht schnell eine wohlige Wärme und entkrampfende Wirkung feststellen können. Alternativ kannst du auch Lavendel-Öl auftragen, es beruhigt und entkrampft ebenfalls deinen Bauch. Vielleicht hast du auch Lust auf ein entspannendes Fußbad mit Lavendel-, Melissen- oder Rosenduft?

Nutze eine Duftlampe: Bist du vielleicht stolze Besitzerin einer Duftlampe? Spätestens zu Beginn deiner Periode kann diese zum Einsatz kommen. Stimmungsaufhellend sind zum Beispiel Orange, Limonengras und Bergamotte.

Erkläre dich: Damit du deinen Menstruations-Zombie in den Griff bekommst und nicht von einem Gefühls-Extrem ins nächste rennst, solltest du dir neben der körperlichen Bewegung auch eine kleine Auszeit für dich nehmen. Es hilft deiner Familie, wenn du ankündigst: *Leute, ich kriege meine Tage. Lasst mich in Ruhe. Es geht mir nicht gut.* Damit sind alle Fronten geklärt, deine Lieben können deine Stimmungsschwankungen besser verstehen und dich in Ruhe lassen. Versuche viel zu schlafen und verabrede dich mit deiner Wärmflasche.

Homöopathie kann dir helfen

Wir empfehlen dir, ruhig auch homöopathische Mittel bei PMS in Betracht zu ziehen. Erkennst du dich in einem der drei beschriebenen Typen wieder?

Typ 1: Bist du genervt und ärgerst dich, dass du nicht leistungsfähig bist? Bereiten dir bei der Menstruation Krämpfe im Bauch und Rücken sowie Brustspannen Problem? – Dann wird das Mittel **„Nux Vomica"**, Brechnuss, für dich richtig sein.

Typ 2: Gehörst du eher zum Typ Himmelhochjauchzend, zu Tode betrübt mit einer starken Weinerlichkeit? – Dann ist die **Pulsatilla**, die Küchenschelle, dein Mittel. Hier stehen die Symptome Kopf-, Bauch- und Rückenschmerzen im Vordergrund.

Typ 3: Bist du eher auf Krawall gebürstet? Ist dir grundsätzlich immer alles zu viel? Du bist enorm gereizt und genervt? – Dann ist der **Sepia**, der Tintenfisch, dein Mittel. Wir empfehlen dir die Potenz D12.

 MENSTRUATIONSBALSAM ZUM SELBERMACHEN

Das mag vielleicht erst einmal nach nicht viel klingen, aber viele Frauen fühlen sich trotzdem auch nach der Periode so, als ob ein Vampir an ihnen gesaugt hätte. Wir empfehlen dir daher, einen Menstruationsbalsam herzustellen, der einer starken Blutung entge- genwirkt und deinen Uterus stärkt. Vielleicht hast du Lust, dich mit ein paar Freundinnen zu verabreden, um den Menstruationsbalsam herzustellen. Mit Prosecco und Musik wird es sicherlich ein schöner Nachmittag für euch. Du kannst das Rezept schon vorbereiten, da die Kräuter 14 Tage lang im Öl ziehen müssen.

Ihr benötigt:
saubere Schraubgläser, in die ca. 500 ml Substanz passen sollten:
15 g Hirtentäschelkraut, getrocknet
15 g Frauenmantelkraut, getrocknet
15 g Beifußkraut, getrocknet
15 g Gänsefingerkraut, getrocknet
15 g Majorankraut, getrocknet
350 ml Oliven- oder Mandelöl (Olive riecht sehr intensiv und ist nicht für jeden angenehm.)
50 g Bienenwachs

Die Kräuter werden im Öl für ca. 15 Minuten erwärmt und danach für 14 Tage in einem Schraubglas verschlossen aufbewahrt. Danach erfolgt ein Abseihen durch ein Leinentuch. Durch die Zugabe von Bienenwachs bei wiederum leichter Erwärmung entsteht dein

Balsam, den du in saubere Schraubgläser abgießt. Dieser Balsam wird zu Beginn der Menstruation oder auch schon Tage vorher, wenn sich die Regel ankündigt, regelmäßig auf den Unterbauch aufgetragen. Am besten nehmt ihr noch eine Wärmflasche dazu und genießt die wohltuende entkrampfende Wirkung des Balsams.

Diese natürlichen Mittel helfen dir gegen Beschwerden

Versuch's mal mit Mönchspfeffer. Die Heilpflanze aus der Antike, auch *Agnus castus* genannt, kann dir helfen. Sie wirkt ausgleichend auf den weiblichen Hormonhaushalt und lindert so auch Beschwerden rund um die Regelblutung. So kann die Blutung regelmäßiger, weniger stark und weniger schmerzhaft werden, außerdem können die Symptome rund um das prämenstruelle Syndrom deutlich abgemildert werden.

Wie wäre es mit Gänsefingerkraut? Ein hervorragendes Mittel bei leichten Menstruationsbeschwerden ist das Gänsefingerkraut. Es wird auch als „Krampfkraut" bezeichnet. Die Wirkung ist dementsprechend krampflösend, entspannend und blutstillend. Die beste Wirkung erzielst du, indem du schon ein paar Tage vor deiner Menstruation mit der Einnahme durch Tee oder Tropfen beginnst. Gänsefingerkraut ist auch sehr gut bei Migräne und Endometriose einsetzbar. Wenn die Blutungen sehr stark sind, gebe ich gerne noch Hirtentäschelkraut in den Tee dazu. Er wirkt, genau wie Gänsefingerkraut, blutstillend.

DOSIERUNG VON MÖNCHSPFEFFER UND GÄNSEFINGERKRAUT

Falls du es mit Mönchspfeffer oder Gänsefingerkraut versuchen möchtest, bitten wir dich, einmal mit deiner Frauenärztin bzw. deinem Frauenarzt und/oder deinem*deiner Apotheker*in über die Dosierung zu sprechen.

Achte auf eine magnesiumreiche Ernährung: Magnesium entspannt die Muskulatur und hilft deshalb auch gegen die krampfartigen Unterbauchschmerzen, wenn sich deine Gebärmuttermuskulatur während der Regelblutung immer wieder zusammenzieht. Du kannst auch rund um deine Tage zusätzlich ein Magnesiumpräparat einnehmen. Auch eine erhöhte Zufuhr von Omega-3-Fettsäuren kann, wie Studien gezeigt haben, gut gegen Menstruationsbeschwerden helfen. Nicht zuletzt solltest du auch auf eine eisenreiche Ernährung achten! Durch den Blutverlust sinkt dein Eisenspiegel. Möglicherweise fühlst du dich deshalb nach der Periode oft müde und schlapp. Dem kannst du gut entgegensteuern, wenn du nun z. B. Hülsenfrüchte, Mangold, Vollkornnudeln und Erbsen in deinen Speiseplan aufnimmst.

Reduziere den Zucker: Du kennst sicherlich die Fressattacken und Heißhungergefühle an den Tagen vor den Tagen. Es ist eines der PMS-Symptome, das du aber nicht durch den übermäßigen Konsum von Schokolade und Zucker in den Griff bekommst. Dein Körper zeigt Mangelsymptome an Magnesium, was er dir durch ein Heißhungergefühl auf Schokolade mitteilen möchte, da in der Kakaobohne sehr viel Magnesium und auch Serotonin enthalten ist. Vor deiner Regelblutung steigt das Stresshormon Cortisol an, das das Serotonin sinken lässt. Serotonin ist für einen guten Schlaf wichtig. Du merkst schon, dass sich der Hund hier irgendwie in den Schwanz beißt und man sich in eine Spirale begibt: Stress – wenig Schlaf – Mangelerscheinungen = Fressattacken. Schokolade hilft da aber nur kurzzeitig. Ziel sollte aber ein langfristiger Effekt sein, den du durch eine grundsätzliche Umstellung deiner Ernährung erzielst, mit der du dann auch eine Gewichtszunahme umgehst. Im Klartext heißt das: wenig Zucker, da er nachweislich Regelbeschwerden verstärkt und auch Hautalterungsprozesse vorantreibt. Durch erhöhten Zuckerkonsum werden entzündliche Prozesse in Gang gesetzt, die u. a. Kopfschmerzen verstärken können. Versuche, viel selbst zu kochen und auf Fertigprodukte zu verzichten. Der Fokus sollte auf Obst, Gemüse, Vollkornprodukten und kaltgepressten Ölen liegen.

Nimm dir während der Periode Auszeiten: Frauen und vor allem Mamas glauben, rund um die Uhr und an jedem Tag der Woche funktionieren zu müssen. Es ist wichtig, dass du dem grundsätzlich etwas entgegensetzt und regelmäßig Zeit und Muße für dich einplanst. Besonders während der Periode solltest du dir aber bewusst Auszeiten nehmen. Nein, eine Periodenblutung ist nichts Unnatürliches und auch keine Krankheit! Dennoch fühlen sich viele Frauen in dieser Phase nicht sehr wohl in ihrer Haut. Wenn auch du dazugehörst, ist es nun besonders wichtig, dass du schaust, was dir guttut, wie du dich wohler fühlen kannst und wie du diese Tage zu etwas Besonderem (und das im positiven Sinne!) für dich gestalten kannst.

PRÄMENSTRUELLES SYNDROM EINFACH ERKLÄRT:

Du kannst mittlerweile die Uhr danach stellen. Einmal im Monat fühlst du dich hundeelend. Du bist müde, traurig und könntest bei jeder Gelegenheit anfangen zu heulen. Du fühlst dich aufgeschwemmt und könntest außerdem schon zum Frühstück eine Tafel Schokolade vertilgen. Am liebsten die weiße, nee, eigentlich ist es dir völlig egal, hauptsache süß. Das Problem ist: Du kannst dich selber nicht ausstehen in diesen Tagen. Das noch größere Problem ist: In diesen Tagen bist du auch für deine Mitmenschen unerträglich.

Auch deine Partnerschaft läuft dann alles andere als rund. Dir fällt plötzlich jede Kleinigkeit, über die du sonst wahrscheinlich nur müde lachen würdest, ins Auge, und du fährst sofort aus deiner Haut. Dein*e Partner*in schüttelt nur noch mit dem Kopf und du musst zugeben: An seiner*ihrer Stelle würdest du vermutlich heimlich nach einem guten Scheidungsanwalt in der Gegend googeln. Was ist nur los mit dir? Warum bist du regelmäßig so schlecht drauf und in dieser besonderen Zeit nahezu beziehungsunfähig? Und warum ist der ganze Spuk nach ein paar Tagen wieder vorbei? Die Antwort ist eine Abkürzung aus drei Buchstaben: PMS. Ausgeschrieben lautet es „Prämenstruelles Syndrom", und es bringt jeden Monat Frauen auf der ganzen Welt an den Rand der Verzweiflung – und ihre Partnerschaft ordentlich ins Wanken. Doch was ist das Syndrom eigentlich genau?

Lasst es uns einmal gemeinsam genauer betrachten: Das PMS beschreibt die Zeit vor der monatlichen Periode (lat. prae = vor). Es ist bei jeder Frau sehr unterschiedlich, wie lange diese Zeit andauert. Bei manchen sind es nur Stunden, bei anderen dagegen bis zu zehn Tagen. Die Gefühlspalette reicht plötzlich von Traurigkeit über verstärkte Ängstlichkeit bis hin zur Aggressivität. Die körperlichen Symptome sind geprägt von vermehrten Wassereinlagerungen, Heißhunger auf Süßes, Kopf- und Gliederschmerzen sowie Spannungsgefühlen in Bauch und Brüsten. Der Grund für dieses ganze Drama ist der Abfall des Hormons „Östrogen". Zudem sinkt auch der Spiegel des Serotonins, welches mitunter für die Glücksgefühle zuständig ist. Stabilisiert sich der Hormonhaushalt wieder, fühlen sich die Frauen schnell besser. Und dennoch kann diese Zeit Monat für Monat eine wahre Belastungsprobe für eine Beziehung sein.

Was kannst du tun, damit es dir in diesen „Tagen vor deinen Tagen" besser geht?

- Erkenne dein PMS an! Auch hier ist, wie so oft, das Anerkennen der Situation der erste Schritt. Du bist nicht schräg, du bist nicht beziehungsuntauglich, nein, du bist eine ganz wunderbare und gesunde Frau! Deine Hormone funktionieren genauso, wie sie funktionieren sollen, und du hast die feinfühlige Fähigkeit, dies zu spüren.
- Sprich deine Gefühle ehrlich aus! Damit ist auf keinen Fall gemeint, dass du dich bei deinen Mitmenschen für die Intensität deiner Gefühle im Vornherein entschuldigen sollst. Nein, es geht vielmehr darum, dass du deine Gefühle offen aussprichst. Ein ehrliches:

Ich habe einige Tage vor meiner Periode emotional immer etwas Schlagseite. Das ist auch für mich oft schwer auszuhalten. In dieser Zeit stören mich viele Kleinigkeiten, ich bin empfindlicher und auch schneller genervt. Ich wünsche mir, dass wir diese Tage gut gemeinsam hinkriegen. ist besser als ein: *Boah, nie nimmst du auf meine Gefühle Rücksicht! Nie verstehst du mich!*, das dir vielleicht bald auch schon wieder leid tut.

- Und noch mal: Sport und Mönchspfeffer als Geheimwaffe! Bereits oben wurden diese beiden Wundermittel schon angepriesen, als es darum ging, dir die Zeit während deiner Periode angenehmer zu machen. Auch gegen das PMS helfen sie ganz ausgezeichnet. Sport wirkt Wassereinlagerungen entgegen und fördert die Endorphinausschüttung. Die Heilpflanze *Agnus castus* (Mönchspfeffer) stabilisiert auf natürliche Weise Hormonschwankungen und mildert so typische PMS-Beschwerden.

- Und manchmal braucht es ein bisschen mehr! Wenn natürliche Hilfsmittel keine Besserung bringen und die persönliche Belastung zu groß ist, ist das kein Zeugnis von Schwäche! Es ist vielmehr ein Zeugnis von Stärke, es auszusprechen und sich Hilfe zu holen. Manchmal braucht es beim PMS einfach medizinische Unterstützung, wenn die Beschwerden sehr hartnäckig sind und vor allem, wenn sie die Lebensqualität zu stark einschränken. Eine Möglichkeit ist hier die Einnahme der Pille, möglicherweise auch im Langzeitzyklus, das heißt, ganz ohne Pause. Bitte wende dich vertrauensvoll an deinen Frauenarzt bzw. an deine Frauenärztin und sprich mit ihm bzw. ihr darüber.

Bindegewebe: So bringst du es in Schwung

Dein Bindegewebe hat einen Durchhänger, im wahrsten Sinne des Wortes. Irgendwie sitzt nichts mehr an der Stelle, an der es eigentlich sitzen solle. Und das, obwohl du nicht übergewichtig bist und dich auch regelmäßig bewegst. Es ist zum Verrücktwerden! Dellen an den

Oberschenkeln, hängende Oberarme- und Oberschenkel, Tränen-
säcke unter den Augen … von deinem Beckenboden ganz zu schweigen. Möglicherweise merken es Außenstehende gar nicht, aber du
siehst tagtäglich, dass die Schwerkraft versucht, dir ein Schnippchen
zu schlagen. Und es stört dich! Du kennst andere Frauen, die ein paar
Kilos mehr auf den Rippen haben, aber eine Haut prall und straff wie
ein Pfirsich. Es steht ihnen wahnsinnig gut und du bist ein bisschen
neidisch. Oder du denkst an eine Freundin, die sogar deutlich älter
ist und immer noch problemlos kurze Röcke anziehen kann, weil ihre
Beine sie nahezu gazellenartig und wohlgeformt durch die Welt tragen. Kennt das Bindegewebe irgendeine Form der Gerechtigkeit? Die
Antwort ist: Nein, kennt es nicht!

Dein Bindegewebe und du – eine vorbestimmte Freund- oder Feindschaft?

Dein Bindegewebe ist, wie es ist, und vor allem ist es dir quasi mit in
die Wiege gelegt worden. Ob es stark oder schwach ist, ist so wie vieles an dir, genetisch bedingt. Damit zu hadern macht also wenig Sinn,
dich mit anderen Frauen zu vergleichen erst recht nicht. Viel besser
dagegen ist es, dein Bindegewebe, wenn es denn zu einer gewissen
Schwäche neigt, zu stärken und dagegenzuhalten, wenn es sich mehr
und mehr Richtung Boden bewegt.

Natürlich wünschen wir uns alle ein straffes Bindegewebe, das
uns aussehen lässt, wie ein knackiger Apfel. Aber dass eine Bindegewebsschwäche häufiger bei Frauen als bei Männern auftritt, liegt
an unserem Hormonsystem und unserer weiblichen Konstitution.
Frauen haben, im Gegensatz zu Männern, eine andere Anordnung
der Bindegewebsstruktur. Diese verläuft parallel. Werden Fettzellen
größer, werden sie durch Dellen sichtbar. Durch Östrogene haben wir
außerdem eine lockere Gewebestruktur. Damit sieht man Formver-
änderungen auch schneller. Mit einem fallenden Östrogenspiegel in

den Wechseljahren wird plötzlich alles viel weicher und schlapper. Schauen wir uns das Bindegewebe von Männern genau an, fällt uns eine festere Struktur durch Längs- und Quervernetzungen auf. Cellulite kommt bei Männern daher nicht so häufig vor. Was natürlich immer ein entscheidender Faktor für die Entstehung von Dellen und Co. ist, ist das Thema Übergewicht. Dieses fördert eine Bindegewebsschwäche.

Die folgenden Tipps können dir helfen.
Bewege dich regelmäßig! Körperliche Betätigung und Sport sorgen dafür, dass dein Bindegewebe besser durchblutet und dadurch fester und straffer wird.

Wassergymnastik tut dir gut. Wir lieben Wassergymnastik! Mit Hanteln unter Wasser zu arbeiten, ist unfassbar anstrengend und walkt das Bindegewebe schön durch. Der Wasserdruck wirkt wie eine Kompressionsstrumpfhose und drückt überschüssiges Wasser aus dem Gewebe, das über die Nieren ausgeschieden wird. Der Körper nimmt wieder Form an und du fühlst dich auch sehr viel fitter und vitaler.

Gönne dir Vitamine! Vor allem Vitamin C und Vitamin B3 (Niacin) sind ein wichtiger Baustein deines Bindegewebes. Willst du es stärken, solltest du also auf eine vitaminreiche Ernährung achten.

Ernährung kann dir helfen. Was ebenfalls nicht unterschätzt werden sollte, ist der Zustand der Übersäuerung. Durch eine falsche Ernährung, die sehr fleisch-, zucker- und milchlastig ist, werden im Körper Säuren freigesetzt, die eingelagert werden und das Bindegewebe schwächen. Als Folge treten dann Cellulite, Krampfadern, Besenreiser und auch Hämorrhoiden auf. Eine basen- und ballaststoffreiche Ernährung mit reichlich Obst und Gemüse ist daher sinnvoll.

Vielleicht denkst du auch mal über das Thema „Detox" nach. Durch regelmäßiges Entgiften und Entsäuern wirst du stressresistenter, schläfst besser und verbesserst außerdem dein Immunsystem.

Schüsslersalze und Mikronährstoffe sind unterstützend. Innerlich stärken kannst du das Bindegewebe durch die Schüssler-Salze 1 und 11. *Calcium flouratum* und *Silicea* helfen dir, wenn sie über einen längeren Zeitraum eingenommen werden. Hyaluron, Kollagen, Biotin, Zink, Vitamin C, Selen und das Coenzym Q10 können das Bindegewebe gut unterstützen, sodass du auch über die Einnahme eines solchen Fertigpräparates nachdenken kannst.

Trinke ausreichend! Um dein Bindegewebe prall und elastisch zu halten, brauchst du Flüssigkeit. Denke deshalb tagtäglich an die mindestens 1,5 Liter Wasser, die du trinken solltest – abhängig von sportlicher Betätigung und Temperatur!

Lass dich massieren – und schröpfen. Eine Massage tut natürlich nicht nur deinem Bindegewebe gut, sondern auch deinem Geist und deiner Seele. Durch regelmäßige Massagen wird die Durchblutung sämtlicher Gewebe verbessert. Auch Schröpfen ist ein altbekanntes Mittel gegen schwaches Bindegewebe. Schröpfen? – Noch nie gehört! Hier werden Schröpfgläser auf die Haut gesetzt und mit diesen ein Unterdruck erzeugt. Dadurch wird sowohl die Durchblutung als auch der Lymphfluss angeregt. Schlaffes Bindegewebe, ade!

Paarcoach Sascha Schmidt erklärt:
So nimmst du Komplimente mit Freude an

Wir hoffen, dass du dich jetzt schon viel wohler fühlst, Kraft getankt und einen Weg gefunden hast, dich genauso anzunehmen, wie du bist! Aber sag mal, wie gehst du eigentlich mit Komplimenten um? Freust du dich über welche von außen oder überhörst du sie glatt? Falls Letzteres der Fall sein sollte, haben wir jetzt noch etwas für die Stärkung deiner Selbstliebe. Paarcoach Sascha Schmidt hilft dir dabei, Komplimente anzunehmen und dein Selbstwertgefühl zu stärken.

„Es bedarf keiner äußeren Rückmeldungen. Du musst niemand anderem gefallen. Wozu auch? Du bist perfekt – einfach so!"

Wie steht es heute um dein Selbstwertgefühl als Frau? Kannst du voller Kraft und Überzeugung sagen: Ich bin wertvoll, so wie ich bin? Hörst du eventuell eine kleine fiese Stimme in dir, die flüsternd oder lautstark dagegenhält? *Nein, das stimmt so nicht.* Das ist dein Zweifel, der dir eingepflanzt wurde, als du ein Kleinkind warst. (Achtung, das ist keine Schuldzuweisung an deine Mutter oder deinen Vater, sondern einfach eine Feststellung.) Damals wurde der Samen gelegt für dein Selbstwertgefühl. Hast du gelernt, dass du okay bist, so wie du dich gefühlt oder verhalten hast? Vielleicht warst du häufig wütend, traurig oder trotzig. Durftest du das denn auch sein?

Wenn ja, dann hast du tief in dir eine positive Botschaft verankert: Deine Vollkommenheit liegt bereits in deiner Natur. Es bedarf keiner äußeren Rückmeldungen. Du musst niemand anderem gefallen. Wozu auch? Du bist perfekt – einfach so! Jedes Kompliment ist ein weiterer Dünger, welcher bei dir auf fruchtbaren Boden fällt. Ganz ehrlich, es ist eine Freude, dir Lob und Zuspruch zu geben, denn dein Gegenüber spürt, dass du es annehmen kannst und willst. Eine emotionale Win-win-Situation.

Wenn nein, dann wirst du wahrscheinlich auch heute als gestandene Frau und Mutter an dir zweifeln und immer wieder checken, ob du beispielsweise dem Hirngespinst eines Idealbildes der Working Mom entsprichst.

Immer gut drauf, immer sexy, ohne Falten und Spuren, die dein aufregendes Leben gezeichnet hat. Es wird dir schwerfallen, Komplimente anzunehmen. Wie sollst du auch anderen, also deinem Mann, deiner Frau, deiner besten Freundin, einem Freund oder deinen Freund*innen Glauben schenken, wenn du tief in dir selbst vom Gegenteil überzeugt bist. Das Dilemma ist: Irgendwann haben die Komplimente-Geber keine Lust mehr. Es ist mühsam und fühlt sich nicht wertschätzend an, wenn die ehrlichen Rückmeldungen überhört, nicht geglaubt oder relativiert werden. Der Ausweg hört sich einfach an, braucht aber Übung, Übung, Übung – das kann es schwer werden. Aber es lohnt sich! Die Grundhaltung lautet: Nur wenn ich mich lieben kann, so wie ich bin, kann ich die Liebe der anderen wirklich annehmen. Also beginne mit Akten der Selbstliebe. Hilfreiche Tipps dafür gab es ja schon viele in diesem Buch.

Fünf Impulse und Gedanken, um deine Selbstliebe zu stärken:

1. Sage dir täglich laut oder leise, vor dem Spiegel oder mit geschlossenen Augen: Ich bin okay und vollkommen, so wie ich bin. Heute als Frau und früher als Mädchen bin und war ich wunderbar.
2. Wähle dir eine*n Sparringspartner*in – deinen Mann, deine Frau, deine beste Freundin oder eine*n gute Freund*in. Beginne mit einer herzlichen Selbstoffenbarung: *Mir fällt es schwer, deine Komplimente anzunehmen. Doch das will ich lernen. Bitte lobe mich ehrlich einmal am Tag und verzeihe mir, wenn ich noch Zeit brauche, das anzunehmen.*
3. Achte auf die unendliche Vielzahl an Komplimenten, die dein Kind dir tagtäglich gibt. Kids lieben bedingungslos – vor allem dich als Mutter. Denen sind Körperbau, Haarfarbe und Gesichtsfalten schnurzpiepegal.
4. Gib deinem Kind das Gefühl, geliebt zu werden, so wie es ist. Erfreue dich an seiner Vollkommenheit. Es geht ganz einfach mit Sätzen wie *Ich liebe dich. Ich freue mich, dass es dich gibt.* oder *Ich bin stolz auf dich!* – ganz unabhängig von seinen Leistungen oder seinem Verhalten.
5. Bedenke, dass dein inneres Kind diese Botschaften der mütterlichen Liebe auch hört. Indem du dein Kind beschenkst, minderst du zusätzlich deinen inneren Mangel an Selbstwertgefühl.

Wenn du diese Gedanken und Impulse mitnimmst, wirst du deren Wirkung im Alltag spüren. Nicht sofort, aber Schritt für Schritt. Ein Indikator wird sein, dass du dich gegen Komplimente weniger sträubst. Vielleicht gelingt dir schon bald selbstbewusst zu sagen: *Ja, danke. Es stimmt, die Falten stehen mir gut. Sie zeigen meine Reife und Lebenserfahrung. Schön, dass sie dir aufgefallen sind.* Als Motivation mag dir dienen, dass dein Kind von dir als Vorbild lernt. Je mehr gelassene Selbstliebe du ausstrahlst und lebst, umso stärker wird dein Kind ein eigenes starkes Selbstwertgefühl entwickeln. Das ist eine super Basis für die stürmischen Jahre der Pubertät.

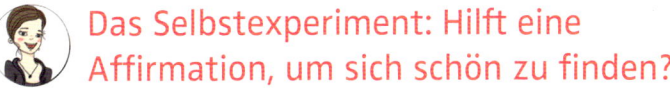

Das Selbstexperiment: Hilft eine Affirmation, um sich schön zu finden?

Können wir uns eigentlich auch selbst ehrliche Komplimente machen? Und können wir vielleicht sogar durch eine Affirmation lernen, uns selbst zu lieben oder uns schön zu finden? Unsere Doro hat den Test für dich gemacht.

Unsere MutterKutter-Herausgeberin Dorothee Dahinden hat den vierwöchigen Test gemacht

Zugegeben: Ich bin ja wirklich gut darin, anderen bombastische Komplimente zu machen, und die kommen dann spontan aus meinem Bauch heraus und wirklich von Herzen: *Wow, du strahlst ja wie ein Atomkraftwerk. Ich liebe deinen Blick auf die Menschen, Du bist so liebevoll* oder *Du bist so hübsch!,* kann es schon einmal völlig unverhofft aus meiner Richtung schallen. Die Reaktion meines Gegenübers fällt in der Regel bunt aus: ein wenig Schamesröte, ein Kichern, ein leise gehauchtes *DANKE* oder ein *Ach, Doro, du übertreibst doch!* – immer öfter bekomme ich als Antwort aber auch ein bestätigendes Lachen oder ein selbstbewusstes: *Ja, ne?* zu hören. Insgeheim wünsche ich mir dann, dass ich mir in meinem Alltag auch öfter selbst auf die Arme knutsche und aus dem Stand aus meinem Innersten ein tiefes Gefühl von *Boah, ich sehe heute so gut aus!* oder ein *Ich bin so fantastisch!* in die Welt hinausblöken kann. Tja! Pustekuchen! Das kann ich (noch) nicht. Mir fehlt oft dieses gute Gefühl für mich selbst, für meinen Körper und mein Aussehen.

Wenn es um dieses Beauty-Thema und mich persönlich geht, dann schlüpfe ich – im übertragenen Sinne – in meinen neutralen Neoprenanzug und denke: *War was? Ich schön oder sexy? Quatsch! Nix da!* Ich habe mir quasi schon im Teenageralter meinen antisexy Aluhut aufgesetzt und pflege seitdem mein eigenes Mantra: *Doro, du bist eher Kumpel als sexy. Du bist äußerlich so neutral wie die Schweiz.* Und wenn mir jemand direkt sagt, dass ich gut aussehe, dann fahre ich im Automatik-Modus die Strategie „Ablenkung“, ganz nach dem Motto: Was hast du gesagt? Piiiep! Zum Beispiel antworte ich: *Oh, DANKE, hier …. der Abend war aber schön gestern.* Oder *Hast du schon den Film XY gesehen? Der ist der Knaller.* – Du merkst schon – ich darf mich selbst darin üben, mich mehr anzunehmen.

 AFFIRMATIONEN WIRKEN!

Affirmationen und Visualisierungen wirken, davon bin ich überzeugt und deshalb empfehle ich sie auch weiter. Die habe ich übrigens schon in verschiedenen Bereichen erfolgreich getestet, z. B. habe ich visualisiert, wo ich beruflich hinmöchte. So habe ich mir regelmäßig laut aufgesagt, dass ich glücklich als Selbstständige sein möchte und wie mein Berufsalltag aussehen soll. Heute bin ich glücklich und mache beruflich das, was ich wollte.

Ich habe mich auch schon oft selbst angelächelt im Spiegel und war dankbar für mein Leben und meine Familie. Ich habe mit mir selbst gesprochen und mir im Spiegel gesagt, dass ich mich mehr um mich als Doro kümmern und meine Bedürfnisse auch im stressigen Alltag pflegen möchte. Auch das hat geklappt. Dieses Ich-finde-mich-schön-Affirmationsding habe ich auch schon versucht – mit mäßigem Erfolg. Ich habe angefangen, aber dann kam auch bei mir das Leben dazwischen. Ich habe den Versuch abgebrochen und stand wieder auf Start.

Hier bin ich nun: *Hallo, ich bin Doro und ich finde es aus irgendeinem unerfindlichen Grund komisch, mich selbst schön zu finden.* Da ich aber auch meinen Kindern vorleben möchte, dass äußerliches Annehmen wichtig ist, starte ich meinen Selbstversuch: vier Wochen lang will ich es mit einer positiven Affirmation in Sachen „Schönheit" versuchen, die so aussehen soll: Ich schaue in den Spiegel, gucke mich an und sage mir laut: *Ich bin schön – genauso, wie ich bin.*

Woche 1:

Ich stelle mich vor den Spiegel und starte zaghaft. Leise. *Ich bin ... ähm ... schön?* Ich selbst höre das verzweifelte Fragezeichen in dem Satz und komme an Tag eins nicht viel weiter. Denn was passiert? Ich muss lachen und frage mich, ob ich mich grad selbst verar**** mit dem Experiment. Gut. Aber wir haben ja vier Wochen gesagt, also mache ich weiter. An Tag zwei und drei schaffe ich es immerhin, die ganze Affirmation aufzusagen, ohne zu lachen. Nur mit einem Grinsen. Das Gefühl, das aber bleibt, ist, dass ich in die Laienschauspielgruppe „How to feel yourself schön" aufgenommen wurde und ich Teil einer Selbstinszenierung geworden bin. Fakt ist: Ich glaube mir selbst nicht. Ich höre mich in den darauffolgenden Tagen sagen. *Ich bin schön. Ich bin schöööööhön. Ich bin so schöööön.* Ich versuche es ernst, dann mit Singsang, dann gesungen und wieder mit einem Lächeln. Ich höre mich selbst allerdings nicht. Ist ein bisschen so, als ob ich auf einer Theaterbühne stehe, meinen Text vergessen habe und sich selbst die Souffleuse nicht mehr sicher ist, ob sie ihn mir an dieser Stelle noch vorsagen soll, weil ich lieber den Bühnenabgang machen sollte. Es wirkt einfach so gekünstelt, unecht und irgendwie nicht zu mir passend. Ich fühle mich wie ein Clown, der sich fürs Publikum aus Jux und Dollerei eine vermeintliche Schönheits-Botox-Spritze setzt.

Mit dem Unterschied, dass ich mein eigenes Publikum bin. Nach vier Tagen gebe ich auf. Verschiebe den Versuch. Auf Woche zwei.

Woche 2:

In Woche zwei wird mir klar, dass ich mir so viel aufsagen kann, wie ich will – dass ich es aber nicht verinnerlichen werde, wenn ich es einfach verbal von draußen drauftackere. Ich ändere meine Strategie: Ich schaue mich jeden Tag im Spiegel an, nehme mich mal wieder bewusst wahr. Zu oft musste es in den letzten Jahren schnell gehen, zu oft lag mein Fokus auf meinen Kindern und nicht auf mir. Wie sehe ich eigentlich jetzt genau aus? Ich sehe mir jedes meiner Augen, meine Nase, meinen Mund, mein Lächeln und auch meinen Körper ganz genau an. Ich sehe jede Falte, jede einzelne Delle und nehme wahr, dass die Schwerkraft mit den Schwangerschaften und dem Alter ganze Arbeit geleistet hat. Darüber muss ich in dieser Woche lachen und nicke mir anerkennend zu. Ich finde vieles, was ich an mir mag. Und ich merke, dass ich auf dem Weg bin, mich selbst anzunehmen, wie ich bin.

Woche 3:

In Woche drei verinnerliche ich mein Mantra. Ich sage es mir zwar nicht mehr laut auf, dafür stumm zu mir selbst. *Du bist schön, Doro. Genauso, wie du bist. Du darfst dich so akzeptieren, wie du bist. – Wenn du das machst, lebst du deinen Kindern auch das vor, woran du glaubst: Wir alle sind von Natur aus schön. Und schön sein hat nicht nur was mit äußeren Merkmalen zu tun. Schönheit kommt von innen.* Und mitten in dieser Erkenntnis sagt meine kleine Tochter zu mir aus dem Nichts heraus: *Du bist eine schöne Mama. Du bist eine liebe Mama. Du bist eine Pupsi-Mama.* Ich lache laut und denke: Hat sie gewusst, was ich gebraucht habe? Mir wird wieder einmal klar: Unsere Kinder finden uns genauso schön, wie wir sind. Und wenn sie das tun, dürfen wir das auch glauben.

Woche 4:

In Woche vier komme ich da an, wo ich immer hinwollte. Ich mache mehr Sport, tue was für mich und merke wieder, dass äußere Bewegung in Form von Jogging, Workout und Yoga auch innere Bewegung mit sich bringt. Ich bin ruhiger. Ich bin glücklicher. Ich mag mich äußerlich viel mehr. Ich brauche kein Ich-bin-schön-Mantra mehr, denn am Ende ist es eins aus dem Mund meiner Yoga-Lehrerin, das mir Frieden bringt, es lautet: *Ich habe genug, ich tue genug, ich bin genug.* Stimmt! Und genau jetzt macht es KLICK! Ich strahle aus dem Innersten heraus wie ein Atomkraftwerk. Ich fühle mich stark. Und schön. Und als mir dann eine Freundin sagt *Du siehst toll aus, Doro!,* höre ich es und antworte wohl zum ersten Mal völlig dankbar: *Das ist so schön zu hören!* und denke: *I love myself!*

Mein Fazit: Alleine dadurch, dass ich mir den Raum gegeben habe für dieses Thema, habe ich mir etwas Gutes getan.

DEINE PSYCHE UND DU!

Mehr Selbstliebe = weniger Gedanken-Pingpong – das ist unsere Zauberformel. Vielleicht denkst du nun: Huch, was ist das denn bitteschön für eine Gleichung? Was hat denn das eine mit dem anderen zu tun? Tatsächlich ziemlich viel. Denn Selbstliebe ist nicht nur ein schönes und liebevolles Gefühl sich selbst gegenüber – Selbstliebe bedeutet auch, auf sich zu achten, an entscheidenden Stellen etwas für sich selbst zu tun, etwa das Handy bewusst beiseitezulegen, in sich hineinzuhören oder einfach mal STOPP! zu sagen. Und zwar dann, wenn Gedanken, Sorgen oder Ängste Pingpong im eigenen Gehirn spielen.

Manchmal sind das auch ganz unterbewusste Prozesse: eine negative Erwartungshaltung an das Leben, ein überkritischer Blick auf sich selbst oder auch die Erwartungshaltung der Familie, von Freund*innen oder anderen Müttern, die auf dir lastet.

 ## Vier erste Schritte zu mehr innerer Ruhe

Wir möchten dir in diesem Kapitel zeigen, wie du es schaffst, das innere Hamsterrad anzuhalten, dich auf dich selbst zu konzentrieren, und dir ein Lächeln zu schenken. Klar, das geht nicht von heute auf morgen. Deshalb starten wir mit dir auch wieder langsam – mit vier ersten Schritten zu mehr innerer Ruhe.

Schritt 1: Schaffe dir Ich-Zeitfenster

Wir haben dir ja schon im ersten Kapitel erklärt, dass es wichtig ist, dass du dir bewusste Körperzeiten nimmst. Nun kommen die Ruhezeiten für deinen Kopf noch dazu. Nimm dir bitte einen Moment Zeit, setze dich hin, schnappe dir einen Zettel oder ein Notizheft und beantworte ehrlich die Frage: *Wie oft kommst du in einer ganz normalen Familienwoche wirklich zur Ruhe?* Wie oft hast du Momente, in denen du für dich bist, dich um dich alleine kümmerst und das Außen einfach mal Außen sein lässt und alles um dich herum vergisst? Momente, in denen du eben nur bei dir selbst bist, nicht bei anderen? Momente, in denen dein Kopf abschalten darf? – Damit meinen wir wirklich: nur bei dir. Oft glauben wir, im Hier und Jetzt und nur bei uns zu sein, doch ... weit gefehlt. Plötzlich fährt es in uns: *Mist, ich muss das Geschenk für XY kaufen! Ich muss beim Kinderarzt anrufen!* oder *Ich habe vergessen, meiner Kollegin die Übergabe zu schicken – mache ich gleich heute Abend.* Das kennst du vielleicht auch, oder? Du liegst völlig entspannt auf dem Sofa und versuchst zu chillen. Das klappt für eine Minute, dann wandern deine Gedanken schon zum nächsten To-do. Und wieder ist er da, der Alltag! Keine Pause – so schön es wäre.

LEGE DOCH MAL DAS HANDY BEISEITE

Im Übrigen ist auch das Scrollen durch Social Media keine Pause. – Oft merken wir gar nicht, dass uns das, was wir dort sehen, in irgendeine Richtung pusht. Ob nun positiv oder negativ. Fakt ist: Auch Social Media ist ein äußerer Einfluss mit vielen Bildern und lässt den Kopf nicht zur Ruhe kommen. Deshalb raten wir dir dazu, das Handy öfter bewusst zur Seite zu legen oder gar nicht erst mitzunehmen.

Also, liebe Mama: Bitte sei ehrlich mit dir und überlege mal, wie oft du WIRKLICH runterfährst, an wenig denkst und deinem Gehirn so die Chance gibst, zu pausieren. Einfach mal OFF sein – ein Zeitfenster alle zwei Wochen am Wochenende reicht da nicht. Versuche die Zahl der Momente für dich ab jetzt hochzuschrauben und dir jeden Tag ein Zeitfenster für dich und deine innere Pause freizuschaufeln. Diese Pausen können irre beruhigend wirken. Wie das aussehen kann, erklären wir dir jetzt.

BITTE VERZAGE NICHT

Wir wissen natürlich, dass es immer wieder Zeiten gibt, in denen das sehr schwierig ist, in denen du dich voll auf die Kinder konzentrieren musst oder – vielleicht bist du auch alleinerziehend – du gar nicht weißt, wo oben und unten ist. Falls du in einer solchen Situation bist und grad den Kopf schüttelst, falls du denkst *Hallo, wie soll das denn bitte noch möglich sein?*, dann möchten wir dir unbedingt sagen: *We feel you!* Aber bitte verzage nicht – im fünften Kapitel erläutern wir dir, wie du ein Netzwerk aufbaust und wie du es für dich und deine Freiräume nutzen kannst.

Schritt 2: Finde deinen Off-Knopf

Was hilft dir denn beim Abschalten? In welchen Momenten schaffst du es, einfach mal nur zu SEIN und dich mit nichts anderem zu stressen? Diese Momente, in denen du dich kurz an den Off-Ort katapultierst – einen Ort, an dem alle Sorgen, Ängste, Zweifel und To-dos für einen Augenblick vergessen sind. Überlege dir, was dir hilft. Eine fesselnde Geschichte zum Lesen oder Hören vielleicht, die dich aus deinem Alltagstrott rausreißt? Vielleicht ein bestimmter Sportkurs – einer von denen, die dich körperlich so austoben lassen, dass du gar keine Zeit mehr hast, groß nachzudenken. Vielleicht machst du auch regelmäßig (zu Hause) Yoga oder meditierst. Vielleicht ist es Gitarrespielen, Nähen, Malen, Fotosmachen, Aus-dem-Fenster-Gucken oder eben auch der Spaziergang, über den wir im ersten Kapitel schon gesprochen haben. Vielleicht drehst du auch die Musik auf und tanzt wie verrückt durch die Wohnung – es ist egal, was es ist. Überlege dir, was dir hilft und wähle genau das als Off-Knopf.

DIE REGELMÄSSIGKEIT SCHAFFT ENTSPANNUNG

Die Hauptsache ist, dass du dir regelmäßige Zeitfenster für dich nimmst. Vielleicht sind es montags zehn Minuten in einem Buch lesen, dienstags ein Spaziergang alleine zur Kita oder Schule und mittwochs eine kleine Sporteinheit, donnerstags ein Kaffee-Kinder-Spiel-Date mit einer Freundin. Versuche doch die Woche über möglichst viele kleine Wohlfühl-Inseln für dich einzubauen. Du kannst sie auch gleich mit auf deine To-do-Liste für deinen Körper (siehe erstes Kapitel „Dein Körper und du!") eintragen.

Schritt 3: Suche dir eine*n Motivator*in

Du kommst selber nicht so ganz aus diesem Gedanken-Pingpong-ich-müsste-nun-aber-mal-Zeit-für-mich-finden-schaffe-es-aber-nicht-Hamsterrad raus? Kein Problem! Da haben wir eine Idee: Suche dir jemanden, der dich motiviert, der dein persönlicher Kick-in-the-Ass ist. Das kann dein Partner bzw. deine Partnerin sein, eine Freundin oder ein Freund, eine andere Mama aus der Kita – bitte doch einfach mal jemanden, zu dir zu sagen: *Liebe XY, ich habe dir versprochen, dass ich dir dabei helfe. Jetzt ist es so weit – du darfst dir nun Zeit für dich nehmen. Bitte finde nun keine Ausrede, denke nicht groß nach und fange an!*

Schritt 4: Knutsche dir selbst auf die Arme

Knutsche dir wirklich mal auf die Arme und sei stolz auf dich. Wann? Jedes Mal, wenn du es geschafft hast, dir Raum für deine persönlichen Bedürfnisse zu nehmen. Fühle dich, deine Stärke und dein Sein. Schaue doch einfach mal in den Spiegel, lächle dich an, gib dir selbst eine Umarmung und verinnerliche, was du hier grad machst. Du nimmst dir Zeit für dich – ganz bewusst! Das ist so, so toll! Mache bitte weiter so! Du bist so wichtig, Mama – love yourself!

Fünf Tipps für mehr Selbstliebe und weniger Gedanken-Pingpong!

Selbstliebe – erst mal ein großes Wort. Ein Gefühl, das im Strudel des Alltags, in dem Erwartungen, To-dos und Emotionen anderer auf dich einprasseln, zunächst weit weg zu sein scheint. Wir wollen mit dir genau dort hin – zu mehr Selbstliebe. Sie soll keine Floskel mehr sein oder lediglich auf Social-Media-Plattformen unter Mutmach-Posts eine Rolle spielen – die Selbstliebe darf nun bei dir einziehen. Wie? Im ersten Schritt mit unseren fünf knackigen Tipps.

Tipp 1: So stoppst du das Gedankenkarussell

Kennst du auch diese ewige Hätte-müsste-könnte-sollte-Schleife? Diese Neverending-Story in deinem Kopf, die pausenlos läuft? Ein paar Highlights: *Ich muss endlich die Küche putzen. Hätte ich doch auch so einen wundervollen Kuchen für das Schulfest gebacken. Ich müsste mehr mit meinen Kindern basteln. Ich sollte endlich mit meinem Chef über eine Gehaltserhöhung sprechen. Oh, ich habe wieder keinen Sport gemacht. So ein Mist. Ich müsste doch. Verdammt!* Irgendwas ist ja grundsätzlich immer zu tun. Haushalt, Familienorganisation, Kinderbespaßung, das ausstehende Gespräch mit der Chefin oder dem

Chef ... und zu guter Letzt bitten wir dich nun noch darum, dir bewusst mehr Zeit für dich zu nehmen. Puh, das klingt ja erst einmal nach verdammt viel.

Du kannst wahrscheinlich wahnsinnig viel erledigen, aber auch dein Tag hat nur 24 Stunden und deine Woche sieben Tage. Du kannst nicht alles schaffen – und wir wetten, dass du schon verdammt viel schaffst. Wir bitten dich, wenn diese Hätte-müsste-könnte-sollte-Schleife auftritt, laut STOPP zu sagen und tief durchzuatmen. Unterbrich die Schleife mal bewusst. Und dann nimm die Vogelperspektive ein und betrachte sie: Was ist wirklich wichtig? Was kann warten? Wie geht es dir mit diesem Druck? Was macht er mit dir? Wahrscheinlich kommst du dadurch weniger zur Ruhe – und dein Kopf bekommt eben nicht die Pause, die er braucht. Also: STOPP darf nun dein Mittel der Wahl werden. Setze bewusst Prioritäten und gestehe dir zu, dass auch du nur Mensch bist und wir nur dieses eine Leben haben. – Und in diesem darfst du auch an dich denken! STOPP – du bist wichtig! Schiebe einmal alle Hättest und Könntest und gönne dir in so einem Moment fünf Minuten Ich-Zeit.

Tipp 2: Sei dir selbst deine beste Freundin

Sicherlich sagst du nicht nur deinem Kind oft, dass du auf es stolz bist, es lieb hast oder dass es genau richtig ist, wie es ist. Wahrscheinlich findest du auch regelmäßig liebe Worte für deinen Partner oder deine Partnerin. Vielleicht sagst du auch nette Dinge zu anderen Menschen, z. B. zu deinen Freundinnen oder zu einer anderen Mama – so in der Art: *Die Jeans sieht super aus! Du strahlst so – das ist bezaubernd! Du bist hübsch!* oder *Der Kuchen ist mega lecker.* Du wirst andere vermutlich schon oft bestärkt haben, nicht nur mit Komplimenten aus dem Moment heraus, sondern auch in Situationen, in denen sie zweifelten. So hast du anderen Menschen die nötige Kraft gegeben, um an sich zu glauben und weiterzumachen. Nun raten wir dir: Sei dir selbst doch auch deine beste Freundin! Sei wohlwollend mit dir. Sei die, die sich selbst im Spiegel anschaut und sagt: *Meine Haare sitzen toll! Mein Lächeln ist bezaubernd! Die Hose ist chic!* An dieser Stelle möchten wir, dass du dich in deiner Gänze siehst – nicht nur Ausschnitte, sondern dich mit Liebe und Wohlwollen selbst in den Arm nimmst! Lobe dich zum Beispiel selbst, wenn du etwas geschafft hast, was du lange auf der To-do-Liste hattest, sei stolz auf dich als Mama – darauf, wie du die verschiedenen Dinge in eurem Familienleben meisterst.

WANN DU DIR PROFESSIONELLE HILFE HOLEN SOLLTEST

Wenn du das Gefühl hast, in einer negativen Gedankenspirale festzustecken und da nicht mehr alleine rauskommst – oder wenn du nur noch im Bett liegen möchtest und nicht mehr aufstehen willst, dann suche dir bitte professionelle Hilfe bei einer Psychologin oder einem Psychologen. Wenn es ganz dringend ist, kannst du auch in die psychiatrische Notfallambulanz einer Klinik gehen. Bitte unterschätze diese Gefühle und Gedanken nicht und schäme dich nicht dafür.

Tipp 3: Du schaffst das

Kennst du diese kleine Stimme, die dir in neuen Situationen, bei großen Herausforderungen oder Stress ins Ohr flüstert: *Du kannst das nicht! Das schaffst du nicht!?* Vielleicht überrollt dich in solchen Momenten eine ganze Gefühlslawine – ein Gemisch aus Aufregung, Zweifeln, Ängsten, Sorgen und einer negativen Erwartungshaltung. Sie wird irgendwo ihren Ursprung haben – vielleicht ist tatsächlich mal etwas schiefgegangen in einer Prüfungssituation. Aber hey – jeder Moment ist eine neue Chance. Du bist du, du bist Mama, du kannst das. Und du schaffst das! Es gibt drei kleine Tricks, wie du dir selbst in solchen Situationen helfen kannst:

1. Wenn die Gefühle kommen und die Ängste drohen, dich zu überrollen, mache dir bitte bewusst, was du schon alles geschafft hast. Kleine und große Dinge – sei es das Lachen an einem noch

so chaotischen Tag, das du deinem Kind bzw. deinen Kindern ins Gesicht gezaubert hast, Kritik, die du dich getraut hast, anzubringen und dir damit Luft verschafft hast, oder der Job, den du trotz aller Zweifel bekommen hast. Ach, und natürlich: Du bist Mama, du bist also quasi schon per se ein Superstar! Atme bitte durch, du schaffst viel mehr, als du vielleicht manchmal selbst glauben magst.

2. Überlege dir vorher, was du tun kannst, wenn du zweifelst. Ein Beispiel: Du bist einfach der Typ, der oft zuhört, immer extrem viel gibt. Das ist auch toll! Allerdings gibt es da eine andere Mutter, die dich vielleicht sehr nervt – ständig reißt sie bei dir Grenzen ein, spricht ausnahmslos über sich selbst und fragt dich nicht, wie es dir geht. Nimm dir vor, dass du beim nächsten Mal sagst: *Ich würde mir wünschen, dass du auch mal fragst, wie es mir geht!* – Und wenn die Situation da ist, erinnerst du dich an dein Vorhaben und sagst es. Du schaffst das!

3. Suche dir einen Telefonjoker: Wenn du zweifelst, rufst du den Menschen an, der dir jetzt den nötigen Push geben kann!

Tipp 4: Tschüss, Erwartungshaltung

Da ist er wieder – dieser Moment, in dem irgendwer dir seine Erwartungen oder seine Meinung überstülpt. Ein Blick deiner Schwiegereltern in die Küche, der dir mehr als reicht. Sie ist nicht hundert Prozent sauber – wie auch?! Ihr habt es einfach nicht geschafft, in eurem Familienalltag. Andere Dinge waren beim Jonglieren mit Haushalt, Familienorganisation, Jobs und eigenem Leben wichtiger. Dennoch wischst du hektisch schweißgebadet durch die Küche, bevor sie kommen und entschuldigst dich dann für das Chaos. Etwas, wofür du eigentlich gar keine Zeit und Kraft hast. *Hilfe!* Dann kassierst du immer wieder doofe Sprüche deines kinderlosen Kollegen, der absolut nicht verstehen will, warum du bei Meetings um 16 Uhr passen musst. Schließlich habe er ja auch einen Hund und die Organisation seines Haustieres könne er schließlich auch den beruflichen Terminen

anpassen. Du rechtfertigst dich zum x-ten Mal, obwohl mit der Chef-
etage alles besprochen und fein ist. Du magst aber diese Missstim-
mung nicht. *Roooar!* Und dann gibt es auch diesen Blick von einer
anderen Frau, die dich ständig abcheckt. Ein Blick, der mehr sagt
als tausend Worte. Der Scanner-Blick von oben nach unten, den sie
selbst vielleicht gar nicht bemerkt. Und dennoch, er trifft dich enorm.
Sie bleibt immer an der Körperstelle hängen, mit der du aktuell auch
nicht glücklich bist. Das tut weh! *Autsch!*

Du bist gut genug. Du bist du selbst. Es ist dein bzw. euer (Fa-
milien-)Leben. Die Erwartungen anderer können dich mal gelinde
gesagt am ... Genau! Was uns hier immer wieder hilft: uns bewusst
zu machen, dass wir die Gestalterinnen unseres eigenen Lebens sind
und dass wir es in der Hand haben. Indem wir uns von der Meinung
anderer abhängig machen, kommen wir von unserem Weg ab. Wir
dürfen natürlich die Meinungen anderer hören, ein Diskurs ist in vielen Lebensbereichen wichtig – aber eben nicht, wenn es darum geht,
dass andere uns in eine Schablone pressen oder uns ihre Erwartungshaltung diktieren wollen. Daher auch hier – ein klares STOPP! Du
brauchst dich nicht zu entschuldigen – um bei den genannten Bei-
spielen zu bleiben – für eine nicht super saubere Küche. Du kannst
auch den Spieß umdrehen, lächeln und, falls ein Spruch kommt,
sagen: *Ihr seid herzlich eingeladen zu helfen!* Durchbrich den Moment!
Frage den Hundekollegen süffisant, ob sein Hund eine Einschlafbegleitung, frische Windeln oder auch einen Fahrservice zur nächsten
Disko braucht. Alternativ kannst du auch einfach milde lächeln, loslassen und drüberstehen. Der anderen Mama darfst du auch ehrlich
sagen, dass du den Blick nicht magst oder sie fragen, ob sie das gefunden hat, was sie gesucht hat. Egal, wie du es für dich löst. Ob nun iro-
nisch, ehrlich, lieb – bitte schüttele die Erwartungen anderer ab! Dein
Kopf kommt nicht zur Ruhe, wenn du dich zusätzlich noch mit Dingen
beschäftigst, die gar nichts mit dir zu tun haben. Du musst es niemandem recht machen – außer dir selbst und deiner (engen) Familie.

TV-Moderatorin und Bestseller-Autorin Anna Funck erklärt, wie sie entspannt mit Erwartungshaltungen umgeht.

Wir haben Anna Funck gefragt, wie sie Erwartungen anderer Menschen abschüttelt und mit dem vermeintlichen Druck auf Mütter umgeht. Du bekommst spannende Tipps von ihr, die zeigen: Entspannung lohnt sich!

„Es wird immer jemanden geben, der besser ist als du, egal, in welchem Bereich. Na und?"

Liebe Anna, du kennst sie ja: Menschen, die versuchen, dir ihre Meinung überzustülpen – egal, in welcher Phase der Mutterschaft du dich befindest. Was hast du alles erlebt? Wo fingen Kommentare und gut gemeinte Ratschläge an, wo hörten sie auf und wie hast du reagiert?

Da gab es jede Menge. Oft hieß es: Das Kind schläft nicht durch, weil du so ein Hans Dampf in allen Gassen bist. Das hat mich immer geärgert. Jetzt habe ich Kind Nummer drei, bin noch genauso hansdampfig und es schläft nach drei Monaten komplett durch. Ist also alles Bullshit. Dieser Erfahrung hat mich total entspannt und relativ immun gemacht.

Egal, ob nun im direkten Gespräch mit Verwandten und Bekannten oder in Social Media – überall scheinen Mütter gesagt zu bekommen, was sie zu tun oder zu lassen haben. Welche sind deine Lieblingsbeispiele, die du so im Alltag um dich herum wahrnimmst?

Das stimmt. Es wird sehr viel mitgeredet. Ob das Kind mehr schlafen, mehr essen oder mehr Mütze tragen sollte. Ob es mehr oder weniger fremdbetreut werden sollte und ob die Mutter zu viel oder zu wenig arbeitet. Es ist eigentlich grauenhaft. Man könnte schon fast vom Gemeinschaftskind reden. Es wird am laufenden Band verurteilt. Man kann sich eigentlich nur ein dickes Mama-Fell zulegen und auf Durchzug schalten. Dazu noch ein, zwei richtig gute Mama-Freundinnen, die man dann in Zweifel-Momenten um Rat fragt – und gut.

Wie gehst du mit diesem Druck auf uns Mamas um? Was sind deine Strategien?

Neulich habe ich mir tatsächlich einen Ratschlag, der wirklich mehr Schlag als Rat war, verbeten. Ich war es leid. Ungefragt und immer wieder dasselbe. Irgendwann ist Schluss. Oder wie meine Cousine in Kanada immer sagt: *You have to put your foot down*. Kann ich nur empfehlen. Ich bin sehr offen und prüfe immer jeden Tipp. Aber wenn ich beschlossen habe, dass er für uns nicht taugt und die Beratung geht nonstop ungefragt weiter, dann darf ich auch einen Riegel davorschieben, denn dann wird es respektlos. Und den Respekt, den sollte jede Mutter bekommen, den hat sie verdient.

Du bist ja ziemlich selbstsicher, oder? Wie bist du dahin gekommen zu sagen: Ich mag mich, so wie ich bin?

Ich musste ja schon ziemlich früh damit anfangen, weil ich sehr viele eifersüchtige Mädchen um mich herum hatte. Warum auch immer die dachten, sie müssten sich gegen mich verbünden. Das war ja auch nur ihr Kopfkino. Diese Erfahrung hat mich auf jeden Fall geprägt und auch das TV-Geschäft. Ich kenne meine Stärken und meine Schwächen sehr genau. Ich weiß, was ich kann und was nicht, und das ist okay. Es wird immer jemanden geben, der besser ist als du, egal, in welchem Bereich. Na und? Wenn ich etwas nicht kann, hole ich mir Hilfe. Aber ich habe auch meine Gebiete, auf denen mir keiner etwas vormacht und mit dem Wissen laufe ich los. Auch wenn ich den Weg nicht immer kenne. Ich kann Unsicherheit und auch Unwissenheit gut aushalten. Dann recherchiere ich eben und bin hinterher schlauer. Dazwischen überbrücke ich mit Charme. Hat bisher immer funktioniert. Es kochen eben immer noch alle nur mit Wasser. Mit dem Wissen interviewe ich auch Hollywoodgrößen, König*innen und Politiker*innen. Hilft immer.

Wie können wir Mütter es denn schaffen, uns selbst zu lieben und die Erwartungshaltung anderer abzuschütteln?

Ich finde, der Gedanke, dass es immer jemanden geben wird, der besser ist, entspannt. Es wird immer jemand schöner, erfolgreicher, cleverer sein. Also versuchen wir doch, gar nicht in Konkurrenz zu treten und uns zu vergleichen, sondern akzeptieren das. Ich gebe mein Bestes – das muss reichen.

Mehr kann ich nicht. Ist fein. Und wem das nicht reicht, der darf gerne weiterziehen. Neulich sagte jemand zu mir: *Du gibst nur 80 Prozent!* Und meine Antwort war: *Nein, das sind meine 100 und ich weiß einfach, wann es gut ist.*

Tipp 5: Nimm doch mal Hilfe an

Wir wetten, dass du viel für andere Menschen tust. Dass du ein Ohr hast, wenn andere liebe Worte von dir brauchen. Dass du die Freund*innen deiner Kinder mit zum Sport nimmst, wenn die Eltern keine Zeit haben, sie selbst zu fahren. Dass du für deine Freundin einkaufen gehst, wenn sie krank ist. Du merkst wahrscheinlich schon, worauf wir hinauswollen: Bitte nimm auch du Hilfe von anderen an! Wenn du Sorgen hast und eine Freundin oder einen Freund brauchst – melde dich und sage: *Ich brauche dich. Lass uns bitte treffen.* Frage andere Eltern, ob sie dein Kind nehmen können, wenn du ein Zeitfenster brauchst. Bitte nicht nur deine*n Partner*in, sondern auch Freund*innen, Nachbar*innen oder Bekannte um Hilfe, wenn du z. B. etwas selbst nicht erledigen kannst: sei es ein Einkauf, eine Reparatur oder das Abholen eines neuen Bücherregals, das du alleine nicht in dein Auto bekommst.

GÖNNE DIR WAS SCHÖNES!

Selbstliebe bedeutet für uns auch, dass wir uns ab und an etwas Schönes gönnen. Das muss nichts Großes sein, vielleicht auch einfach nur ein Besuch im Friseursalon, der Kaffee bei einer Freundin oder einem Freund, ein neuer Nagellack oder dieses coole, nachhaltige Shirt, um das wir schon ewig rumgeschlichen sind. Oft gönnen wir Mütter unseren Kindern viele Kleinigkeiten – sei es ein Teil der Quängelware an der Kasse, ein kleines neues Spielzeug oder den nächsten Kinobesuch. Meist vergessen wir uns dabei selbst. Denke auch an dich und die kleinen Dinge im Alltag, die dich glücklich machen können!

Das Leben ist ein Miteinander. Ein Geben und Nehmen. Deshalb darfst du auch annehmen. Und du wirst höchstwahrscheinlich erfahren, dass dein Umfeld auch gerne zurückgibt und so etwas für dich tut. Und der schöne Effekt: Du bist weniger gestresst, denn du sprichst dir entweder deinen Stress von der Seele, was unserer Erfahrung nach sehr entlasten kann – oder du bekommst die Hilfe, die du brauchst, und musst dir nicht mehr den Kopf zermartern, wie du dein Problem lösen kannst. Das gibt dir Ruhe – und abzugeben bedeutet auch, auf sich zu achten. Und das ist wiederum Selbstliebe.

  ## Checke deine Psyche: Erste Hilfe bei Problemklassikern

Schlafstörungen, Stress, schlechte Laune, Dauermüdigkeit – typische Faktoren, die sich nicht nur auf deine Psyche, sondern auch auf deine körperliche Gesundheit auswirken können. Denn am Ende hängt ja beides miteinander zusammen. Von uns bekommst du nun unsere geballten schulmedizinischen und naturheilkundlichen Tipps zum Thema „psychische Gesundheit".

Schlafstörungen: So schläfst du wieder durch

Der Tag war lang, du bist hundemüde und freust dich eigentlich schon beim Abendessen darauf, bald ins Bett gehen zu können. Du bist den ganzen Tag hin- und hergerannt, hast wieder einmal tausend Sachen auf einmal erledigt und fragst dich selbst, wie du das eigentlich alles geschafft hast. Nach den allabendlichen Diskussionen *(Räum jetzt bitte noch dein Bett auf, da kann ja kein Mensch drin liegen!)* und den Planungen für den nächsten Tag *(Waaas?! Du brauchst morgen früh 25 Obstspieße für das gemeinsame Frühstück in der Schule?!)* stehst du vor dem Badezimmerspiegel und schaust dir selbst in deine müden Augen.

Zehn Stunden Tiefschlaf – das wäre es, was du jetzt brauchst. Ohne einmal wach zu werden. Endlich mal ausgeschlafen aufwachen und das Gefühl haben, fit für den Tag zu sein. Du legst dich ins Bett und stellst den Wecker. Immerhin acht ganze Stunden Schlaf. Wenigstens etwas. Vielleicht liest dein*e Partner*in noch etwas neben dir. Dir fallen die Augen zu. Dann geht es los: Wann war nochmal der Elternabend nächste Woche? Doch nicht etwa dann, wenn deine Freundin und du ins Kino gehen wollten ...? Übermorgen ist ja auch noch dieser Kindergeburtstag vom Schulkameraden deiner Tochter. Mist, was mögen Jungs in dem Alter eigentlich? Du musst morgen unbedingt noch in den Spielzeugladen! Oder du fragst die Mutter eines anderen Kindes, ob sie schon ein Geschenk hat. Vielleicht könnt ihr euch zusammentun ... Wie heißt die eigentlich noch mal? Und übermorgen ist auch noch dieses Diktat. Hoffentlich schaffst du es morgen, noch einmal ein paar Sätze mit deiner Tochter zu üben. Hast du eigentlich den Wecker gestellt? Ein kurzer Blick auf die Uhr. Ja, Wecker ist gestellt, aber Mist, nur noch sieben Stunden Schlaf. Du schaust neben dich. Dein*e Bettnachbar*in schläft mittlerweile tief und fest. Warum machst du dir eigentlich Gedanken über alles? Musst du dich immer um alles kümmern? Du wälzt dich hin und her. Dir ist heiß, du deckst dich auf. Irgendwie findest du keine richtige Schlafposition. Jetzt schnarcht es neben dir. Du ärgerst dich. Am meisten über dich selbst. Jetzt lagst du mal richtig früh im Bett und schläfst dennoch nicht. Und morgen, ja, morgen hängst du wie ein Schluck Wasser in der Kurve, weil du noch müder bist als sonst. So ein Mist.

Kennst du das? Wenn ja, eins vorneweg: Du bist nicht allein damit! Viele Mütter haben Ein- und Durchschlafprobleme. Dafür gibt es viele Gründe. Der wichtigste ist aber mit Sicherheit, dass Mamas einfach schlecht zur Ruhe finden können. Sie fühlen sich (und sind es auch!) den ganzen Tag verantwortlich für eine ganze Reihe von verschiedenen Personen. Sowohl ihr Kopf als auch ihr Körper laufen den ganzen Tag auf Hochtouren. Da ist es kein Wunder, dass sie abends nicht auf Knopfdruck entspannen und entschleunigen können. Von hundert auf null in ein paar Sekunden geht eben nicht so einfach. Die Folge ist, dass Mamas häufig schlecht in den Schlaf finden, ihr Kopfkino oscarverdächtig weiterläuft oder sie nach ein paar Stunden aufwachen und es ihnen nicht gelingt, wieder einzuschlafen. In beiden Fällen wälzen sie sich hin und her, werden bei jedem Blick auf die Uhr nervöser, weil sie ihren Schlaf eigentlich dringend bräuchten und kommen so noch weniger zur Ruhe. Am nächsten Morgen stehen sie gerädert auf und schleppen sich durch den Tag. Am Abend beginnt das Spiel möglicherweise wieder von vorne. Ein Teufelskreis. Kommt dir das bekannt vor?

Vier schnelle Erste-Hilfe-Tipps für dich

Nun bekommst du vier ultimative Tipps, wie du es abends endlich wieder schaffst, zur Ruhe zu kommen, entspannt einzuschlafen und morgens ausgeschlafen aufzuwachen!

1. **Gib deinem Kopfkino einen festen Platz in deinem Alltag!** Und der sollte nicht am Abend in deinem Bett sein, wenn du versuchst, einzuschlafen. Setze dich dagegen in den frühen Abendstunden bewusst hin und lasse deinen Gedanken freien Lauf. Gehe alle möglichen und unmöglichen Szenarien in deinem Kopf durch. Wenn du magst, kannst du dir auch ein kleines Notizbuch zulegen und wichtige Gedanken aufschreiben. Gehst du nun abends ins Bett, ist dein Kopf nicht mehr so voll und es wird dir gelingen, besser loszulassen.

2. **Mach keinen Mittagsschlaf!** Auch wenn es absolut verlockend ist und du möglicherweise immer mal wieder das Glück hast, um die Mittagszeit sturmfreie Bude zu haben: Bitte leg dich nicht hin! Du bist müde und ein kleines Schläfchen wäre jetzt traumhaft, völlig klar. Das Problem ist nur, dass du so deinen Schlafrhythmus völlig durcheinander bringst und es letztendlich noch schwieriger für dich wird, abends einzuschlafen. Bleib wach, beschäftige dich mit etwas Schönem (Nein, nicht mit dem Haushalt!) und komme etwas zur Ruhe. Das Schlafen findet aber abends statt!

3. **Verzichte ab nachmittags auf Kaffee und schwarzen Tee!** Was bräuchten Mamas manchmal am besten intravenös? Richtig: Kaffee! Morgens ist das auch völlig in Ordnung, ab dem Nachmittag solltest du aber auf koffeinhaltige Getränke verzichten. Sie pushen dich zwar wach, wenn du müde bist, können es dir aber abends erschweren, zur Ruhe zu kommen. Deshalb ab dieser Tageszeit lieber auf Wasser und entspannende Teesorten zurückgreifen!

4. **Bewege dich!** Auch wenn du so müde bist, dass es dir schwerfällt, einen Fuß vor den anderen zu setzen: Raff dich auf und gehe eine Runde an der frischen Luft laufen! Körperliche Bewegung ist in jeder Hinsicht gut für dich, bei Schlafproblemen sorgt sie dafür, dass dein Körper auf positive Art und Weise ausgepowert und dein Kopf „freigepustet" wird. Machst du das regelmäßig, wirst du schon bald merken, dass du abends bettschwerer und gleichzeitig auch entspannter sein wirst. Und das ist eine prima Voraussetzung, um leicht in den Schlaf zu finden!

Etabliere eine Schlafhygiene

Um einen „Vertrag mit dem Sandmännchen" zu schließen, solltest du dir ein paar Gedanken zum Thema „Schlafhygiene" machen. Dazu gestaltest du dir deinen Schlafplatz so, dass er möglichst eine angenehme, gemütliche und unaufgeregte Wirkung auf dich hat.

WENIGER KRAM, WENIGER STAUB …

… so lautet die Devise, damit du, falls du einen unruhigen Geist hast, auch Ruhe finden kannst. Ich schlage dir also zunächst eine Entrümpelungsaktion vor. Dafür brauchst du keine Marie Kondo als Aufräum-Expertin an deiner Seite! Es geht ganz einfach: Mülltüte auf und: Adieu! Brauchst du wirklich diesen ganzen Nippes, der als Andenken an längst vergangene Urlaube auf deinem Nachttisch verstaubt?

Nein, weg damit. Wann hast du den Zeitschriftenstapel neben deinem Bett durchforstet? Was, da liegen noch Ausgaben von 1999? Können auch weg! Was machen eigentlich die ganzen Wäschekörbe und das aufgeklappte Bügelbrett neben deinem Bett? Raus! Die Topfpflanzen auf dem Fensterbrett mit weißem Schimmelbelag auf der Blumenerde! Sofort ab in die Tonne! Die Toxine von Schimmelpilzen können deine Gesundheit und auch deinen Schlaf beeinträchtigen. Guck mal unter dein Bett! Was finden wir denn da? Taschentücher, Nuckel, Haarklemmen, deine verloren geglaubte Knirsch-Schiene und eine Menge Wollmäuse. Wo ist der Staubsauger? Nimm dir Zeit für euer Schlafzimmer. Vergiss nicht, dass du dich dort etwa acht Stunden am Tag aufhältst.

Überprüfe deine Matratze, deine Decke und dein Kopfkissen. Ist damit noch alles in Ordnung oder sollte etwas erneuert werden? Gönne dir schöne Bettwäsche und vielleicht eine neue Farbe an der Wand. Das aufregende Feuerwehrrot könnte durch ein beruhigendes Blau oder Grün ersetzt werden. Schmeiße alles aus dem Zimmer, was dort nicht hingehört. Dazu zählen auch elektrische Geräte. Steckdosenleisten, Mobiltelefone und Co. Sie alle sind Störquellen für deinen Schlaf. Vielleicht brauchst du ein dunkleres Zimmer, dann hilf mit Verdunklungsgardinen oder Rollos nach. Überlege dir ein Schlafritual. (Wie das aussehen kann, erfährst du in unserem ersten Kapitel „Dein Körper und du".) 30 Minuten bevor du das Licht ausknipst, belohnst du dich mit einem schönen Buch, einer Zeitschrift oder leiser Musik. Hörbücher sind auch sehr angenehm, da sie eine beruhigende Wirkung haben, wenn man nicht gerade Krimi-Liebhaberin ist.

Immer dieser Stress: Das hilft dir jetzt

Stress ist nicht gesund. Das wissen wir alle und dennoch schaffen wir es häufig nicht, uns ihm zu entziehen. Wir können nicht *Nein* sagen, laden uns noch mehr auf, als wir ohnehin schon zu tun haben, und gönnen uns keine Ruhepausen. Besonders Mamas stehen unter Dauerstrom! Sie sind immer erreichbar, arbeiten 24/7 in den Bereichen Familie, Haushalt, Job und Co. und haben wenig Zeit, einfach mal durchzuatmen. Meist nehmen sie es klaglos hin *(Sie haben es ja schließlich so gewollt!)* und arrangieren sich damit, dass ihr Alltag so streng getaktet ist. Na, hast du beim Lesen dieser Zeilen schweigend genickt? Dann geht es dir also auch so! Dein Mamasein ist ein Fulltime-Job, neben all den anderen Jobs, die du quasi so nebenbei erledigst. Doch lass uns nun einmal gemeinsam schauen, was Stress für eine Auswirkung auf deinen Körper hat. Es ist allerdings nicht sinnvoll, sich den Schaden nur anzuschauen. Nein, viel effektiver ist es, gleich anzufangen, Schadensbegrenzung zu betreiben. Bist du dabei?

Und plötzlich piept's!

Meist treten die Symptome überraschend auf, und du würdest dir am liebsten deine Ohren zuhalten: Du hörst auf einmal ein Rauschen, Piepen oder Klingeln! Finger in die Ohren bringt aber leider nichts, denn dieser unangenehme Ton kommt nicht von außen, sondern entsteht direkt in deinem Hörorgan. Das Ganze nennt sich Tinnitus und ist vielleicht auch für dich ein immer wiederkehrendes oder dauerhaftes Erlebnis. Mittlerweile ist bekannt: Stress und dauerhafte Überforderung können Tinnitus begünstigen und auch verstärken. Doch was tun, wenn es wieder rauscht und klingelt?

Zunächst einmal STOPP! Und das sofort! Du brauchst eine Pause. Jetzt muss alles andere einfach einmal liegenbleiben und du musst dich um DEIN Wohlergehen kümmern. Bitte versuche das Piepen in deinem Ohr als eine Art Warnsignal deines Körpers zu deuten.

Ganz plastisch dargestellt: Stelle dir ein Auto mit Abstandssignal vor, dass immer näher an eine Wand fährt. Zunächst piept es langsam und ruhig, dann immer schneller und hektischer und schließlich *PIIIEEEP!* Jetzt hilft nichts anderes mehr, als auf die Bremse zu treten, sonst kracht es. Und genau das solltest du jetzt tun!

EIN GEHEIMTIPP FÜR DICH: INGWER

Neben Entspannung, ausreichend Schlaf und ausgewogener Ernährung kann nun auch Ingwer helfen! Ingwer wirkt nämlich durchblutungsfördernd. Du kannst dir den Ingwersud ganz einfach selbst herstellen, indem du frischen Ingwer reibst und dann einen halben Teelöffel davon in heißes Wasser gibst. Dieses Heißgetränk solltest du mehrere Tage dreimal täglich zu dir nehmen.

Hä? War da was?

Mist, du hast schon wieder etwas vergessen! Sei es der Zahnarzttermin, das Geburtstagsgeschenk für die Klassenlehrerin oder einfach nur die Blumen zu gießen. Du denkst morgens daran, und abends im Bett fällt dir dann ein, dass du es schlicht und einfach vergessen hast. Dir fällt auf, dass du immer sehr vergesslich bist, wenn du Stress hast. Das Blöde daran ist: Durch diese Vergesslichkeit verstärkt sich dein Stress noch mehr, weil du die Dinge irgendwie noch schnell organisieren musst. *Puh!* Warum ist das so? Und was kannst du dagegen tun? Eigentlich ist es ganz logisch: Während stressiger Phasen schaltet dein Körper auf Funktionsmodus. Er läuft und läuft und läuft. Dein Gehirn bekommt den Tunnelblick. Das heißt, nur das, was gerade wirklich wichtig ist, bleibt in deinem Blickfeld. Der Rest wird ausgespart, weil eben nicht alles geht und dein Gehirn klug auswählen muss zwischen „überlebenswichtig" und „nicht so wichtig". So weit, so gut. Eine Zeitlang mag das auch okay sein. Das Problem ist jedoch, dass dauerhafter Stress auch grundsätzliche Veränderungen deines Gehirns, vor allem im Bereich deiner Gedächtnisbildung, verursachen kann. Diese Funktion kann tatsächlich dauerhaft geschädigt werden.

Dauerstress und Überlastung führen oft zu einem geschwächten Immunsystem, das uns Müttern eine Dauerschleife von Erkältungen und Entzündungen beschert. Sehr häufig sind bei Frauen entzündete Zähne und Nasennebenhöhlenentzündungen. Wir würden es glatt als das „Schnauze-voll-Syndrom" bezeichnen.

AUCH HIER GILT: DRÜCKE AUF DIE STOPPTASTE!

Wenn du spürst, dass dir immer öfter wichtige Dinge durchrutschen, ist es einfach gerade zu viel. Dein Körper und dein Geist brauchen eine Entschleunigung und das dringend. Achte auf dich, trage für dich Sorge, lege eine Pause ein. Und: Achte auf deine Ernährung! Du kannst deine Gedächtnisleistung am besten unterstützen, wenn du zusätzlich auf eine ausreichende Zufuhr von B-Vitaminen und Omega-3-Fettsäuren achtest!

Was machen pflichtbewusste Frauen dann oft? Entzündungshemmer und Schmerzmittel einwerfen, vielleicht noch ein Antibiotikum in der zweiten Runde hinterher und weiter geht's! Statt den Körper zu schonen, der ja nun schon mit dem dicken STOP-Schild mit Blinklichtern gewedelt hat, wird fleißig weitergemacht: Kinder, Job, Haushalt … Das Ende vom Lied: Die Entzündung rutscht eine Etage tiefer und es kommt noch eine Bronchitis mit Fieber dazu. Spiel, Satz, Sieg! Nun hat dich dein Körper fest im Griff und zwingt dich ins Bett. Du hättest natürlich auch gleich bei den ersten Symptomen handeln und dich mit einem Tässchen Tee und einer Wolldecke auf dein Sofa legen können. So, wie lässt sich dieser Schlamassel denn nun wieder beheben?

Thymian wirkt Wunder

Zunächst bekommen mal die Keime was „auf die Mütze". Dazu eignet sich hervorragend Thymian-Tee mit reichlich Honig. Thymian wirkt stark entzündungshemmend, krampf- und schleimlösend. Bakterien, Viren und Co. haben im Anfangsstadium eines Infektes so wenig Chance, sich auszubreiten. Der zugegebene Honig wirkt ebenfalls antibakteriell und dämmt Entzündungsherde ein. Du kannst deine Schleimhäute noch zusätzlich mit Dampfbädern beglücken, denen du eine Handvoll Thymian zusetzt.

Einen sehr guten Erfolg wirst du auch mit Meerrettich-Auflagen erzielen. Dazu kaufst du einen frischen Meerrettich, hobelst davon eine Handvoll ab, verteilst die Menge auf zwei Stofftaschentücher, die du zu kleinen flachen Päckchen zusammenfaltest. Mache es dir im Bett gemütlich und lege deine Meerrettich-Päckchen rechts und links für 20 bis 30 Minuten auf deine Wangen. Der scharfe Geruch des frischen Meerrettichs macht deine Nase frei, der Schleim kann sich lösen und die Entzündung schleicht sich von dannen.

BITTE HÖRE AUF DEINEN KÖRPER

Last, but not least: Wenn du deinen Lebensstil nicht änderst, werden dir auch sämtliche Aufbaupräparate nicht helfen. Dein Körper wird so lange rebellieren, bis er das bekommt, was er braucht: mehr Aufmerksamkeit!

Zink hilft bei der Virenabwehr

Legen dich sehr häufig Infekte lahm, solltest du überprüfen lassen, ob du unter einem Zinkmangel leidest. Zink steuert die Aktivität der Lymphozyten und Fresszellen und unterstützt die Abwehr von Viren. Die tägliche Zufuhr sollte bei 25 mg liegen. Die Bioverfügbarkeit von Zink ist am höchsten, wenn du Fleisch zu dir nimmst. Nun mag verständlicherweise nicht jeder Leber, vor allem nicht täglich, daher tut es auch ein hochwertiges Zinkprodukt aus der Apotheke.

Miese Laune, keinen Bock: Das kannst du tun, wenn alles zu viel ist!

Schon morgens nach dem Aufstehen ist deine Laune im Keller. Jeder will etwas von dir, platzt ins Bad, während du auf dem Klo sitzt, und Milch ist auch keine mehr für deinen Kaffee da. *Bäh!* Das fängt ja gut an. Deine schlechte Laune zieht sich durch den ganzen Vormittag. Irgendwie will dir nichts gelingen, alles ist irgendwie schräg – vor allem deine Laune. Du ertappst dich dabei, wie dein Blick immer

wieder vom Bildschirm deines Computers weggleitet und du dich weg-
träumst. Weit, weit weg. Dir wird bewusst, dass du eigentlich schon
seit Wochen schlechte Laune hast. Du hängst richtig durch. Und wirst
dabei auch ungerecht. Du meckerst grundlos, schießt bei Diskussionen übers Ziel hinaus und fühlst dich selbst dabei nicht wohl in deiner Haut. Dir ist alles zu viel, dabei viel zu eintönig und du hast das
Gefühl, es bleibt viel zu wenig Zeit für die schönen Dinge des Lebens.
Das schlägt dir alles auf die Stimmung. Aber heftig. Momentan möchtest du selbst nicht in deiner Nähe sein müssen. Du hast beinahe Mitleid mit deinen Kindern und deinem Partner bzw. deiner Partnerin.

Was kannst du tun, um aus diesem Stimmungstief rauszukommen?

1. **Erkenne deine Talfahrt an!** Das Wichtigste ist, dass du deine
   schlechte Laune anerkennst und sie wie eine*n gute*n Freund*in
   willkommen heißt. Das hört sich zunächst total bescheuert an, ist
   aber der erste Schritt, um sie auch wieder gehen lassen zu können. Natürlich kannst du auch versuchen, dich gegen sie zu weh-
   ren, noch ein bisschen Tempo zulegen, damit du sie nicht fühlen
   musst. – Sie wird dich aber vermutlich recht schnell wieder einholen. Deshalb: *Hello, darkness, my old friend ...* Tauche in sie ein,
   lasse sie zu und dann verabschiede dich freundlich, aber bestimmt.

2. **Hintern hoch!** Warum auch immer deine Laune so im Keller ist,
   es muss nicht immer eine echte Lebenskrise dahinterstecken. Es
   kann auch einfach das ganz normale Alltagsgerödel sein, das dir
   gerade so auf die Stimmung schlägt. Hast du deine miese Stimmung nun also begrüßt und zugelassen, ist es jetzt an der Zeit, sie
   wieder ziehen zu lassen. Manchmal gleicht diese allerdings einem
   unangenehmen Gast, der ein unglaubliches Sitzfleisch besitzt.
   Dann bist du an der Reihe, vor ihr wegzulaufen- und das im wahrsten Sinne des Wortes. Übersetzt heißt das: Bewege dich! Alles, was
   Spaß macht, ist erlaubt – Tanzen, Joggen, Schwimmen. Bringst du
   deinen Körper wieder in Schwung, wird deine Seele folgen!

3. **Rede dir selbst positiv zu!** Besorge dir ein kleines Notizbuch und schreibe dir ganz individuelle Affirmationen auf, die dir gefallen, z. B. „Ich bin die Gestalterin meines Lebens" oder „Ich nehme mir Zeit für die Dinge, die mich glücklich machen". Bringe sie wirklich einmal zu Papier, sodass du sie immer wieder nachlesen kannst, wenn du sie einmal vergisst. Sage sie dir nun über den Tag verteilt ganz bewusst auf. Stelle dich morgens vor den Spiegel und sage dir etwas Positives direkt in dein Gesicht. Lächele dich dabei an. Sage dir etwas Aufbauendes, wenn du mal wieder im Stau stehst. Sprich dir aufmunternd zu, wenn du spürst, dass deine Stimmung wieder kippt. Sprich mit dir selbst wie mit deinem besten Freund oder deiner besten Freundin, dem*der du nur Gutes willst.

4. **Schaffe dir Gute-Laune-Inseln!** Auch wenn dein Alltag dich fordert, dir auf dein Gemüt schlägt und dir deine Energie raubt – es ist immer Platz für kleine Inseln des Glücks. Und nur du kannst sie ganz bewusst ansteuern! Das heißt im Klartext: Ist deine Woche voller lästiger Termine und deine Motivation schon jetzt im Keller? Dann plane für Dienstagabend direkt eine Massage ein! Donnerstag triffst du dich dann mit einer Freundin zum Sport! Und Samstagabend lädst du deine Familie in eure Lieblingspizzeria ein! Hangele dich so durch die Tage, die dir jetzt schon wie Steine im Magen liegen. Spicke sie mit Highlights, schönen Erlebnissen und Momenten, die dich trotz allem lächeln lassen.

Komme zur Ruhe

Du kennst das bestimmt, dieses Gefühl *Noch ein Wort, und hier platzt gleich der Mond!* Wenn die innere Zündschnur mal wieder ganz kurz ist, weil es einfach Tage gibt, an denen nichts gelingen mag, Partner*in oder Chef*in stressen, die Erzieher*innen im Kindergarten wiederholt darauf hingewiesen haben, dass du SCHON WIEDER die Gummistiefel deines Kindes vergessen hast, es deshalb nicht mit zur Wanderung genommen wird oder der ersehnte Arbeitsvertrag noch immer nicht im Briefkasten liegt. Es gibt tausend Gründe, warum wir alle täglich explodieren könnten.

In der Ruhe liegt die Kraft!

Ein Satz, den du sicher auch schon mal von der älteren Generation zu hören bekommen hast, und der ein Fünkchen Wahrheit beinhaltet. Es lohnt sich in der Regel nicht, sich über allen Schwachsinn aufzuregen, da es für viele Probleme eine Lösung gibt. Auch wenn du diese erst mal nicht auf dem Silbertablett serviert bekommst. Überschüssige Energie wirst du am besten durch Bewegung abbauen können. Es ist egal, ob du um den See rennst oder einfach mal wieder die Fenster putzt. Hauptsache, du bist produktiv und verkriechst dich nicht unter die Bettdecke. Kommt durch die innere Unruhe und Gereiztheit die Regeneration des Körpers durch Schlafstörungen, Herzrasen oder Magen-Darm-Probleme zu kurz, solltest du allerspätestens die Reißleine ziehen.

So kannst du deine Nerven unterstützen

Vielleicht sind dir einige Entspannungsübungen bekannt, weil du sie schon mal gemacht hast. Mit Progressiver Muskelrelaxation haben wir u. a. selbst sehr gute Erfahrungen gemacht. Unterstützen kannst du dein überreiztes Vegetativum durch den Einsatz eines Tonikums aus der Passionsblume. Auch Baldrian, Hafer, Traubensilberkerze, Frauenschuh, Kockelskörner und Herzgespann werden dir als homöopathisches Präparat oder als Teemischung helfen. Natürlich kann auch hier wieder die Duftlampe zum Einsatz kommen. Du kannst mit Ylang-Ylang oder roter Mandarine probieren, deinen inneren Affen wieder von der Palme zu locken.

Die Kraft der Natur kann dir auch helfen

Um abends besser zur Ruhe zu kommen, kannst du – aus naturheilkundlicher Sicht – gut mit einer Tasse Hopfen- und Melissentee nachhelfen. Ein Lavendelbad für 20 Minuten im angenehm warmen

Wasser kann dich ebenso von deiner Alltagslast befreien. Auch Rosen-spray auf dem Kopfkissen hat eine ausgleichende Wirkung. Homöo-pathisch kannst du mit der Kombination aus Passionsblume, Hafer, Baldrian und Kaffee (Ja, den gibt es auch homöopathisch!) nachhelfen. Eine gute Wirkung hat auch die Schlafbeere, die als indischer Ginseng bekannt ist. Dieses Präparat gibt es in Kapselform und wirkt ca. eine Stunde nach der Einnahme.

Mit der Umsetzung einiger dieser Tipps wird es bestimmt klappen, dass du endlich ein- und durchschlafen kannst. Gelingt es dir, dein Schlafkonto wieder auszugleichen, wird auch automatisch das Thema „Dauermüdigkeit" in den Hintergrund rücken.

Paarcoach Sascha Schmidt:
So beginnst du deine erste Atemmeditation – jetzt!

„Monkey Mind" – diesen Begriff kennst du sicherlich auch. Vielleicht hast du auch immer wieder gehört, dass sich Meditation beruhigend auf den Geist auswirkt, nur bisher noch nicht den Weg dahin gefunden. Paar-coach Sascha Schmidt erklärt dir jetzt, wie du ganz easy starten kannst.

„Du brauchst nicht mehr als deine Ein- und Ausatmung – die hast du ja immer dabei."

Die Atemmediation ist der einfachste Weg, um mit dem Abenteuer „Meditieren" anzufangen. Du brauchst nicht mehr als deine Ein- und Aus-atmung – die hast du ja immer dabei. Die Atemmediation beruhigt das Nervensystem und lindert somit Stress. Nicht umsonst sagt der Volksmund gerne: *Tief durchatmen!* (Raucher machen im übertragenen Sinne auch eine Art Atemmediation, nur dass dies nicht die gesunde Variante ist.) Deine vielleicht erste Atemmeditation kannst du jetzt sofort beginnen. Zur Vorbe-reitung suche dir einen ruhigen Platz und setze oder stelle dich bequem hin. Du kannst dich auch hinlegen, nur schaltet so der Körper häufig in einen Schlafmodus, weil er mit der Position das Schlafen verbindet. Das ist nicht hilfreich für ein achtsames Atmen.

Hast du eine Position gefunden? Auf geht's in drei Schritten:

1. Beobachte deine Ein- und Ausatmung. Ist diese schnell oder langsam? Tief oder flach? Atmest du durch die Nase oder durch den Mund? (Wenn möglich, wähle für die Meditation die Nasenatmung.)
2. Lenke deine Aufmerksamkeit auf die Nasenlöcher. Nimm wahr, wie die Luft ein- und ausströmt. Ist die Luft eher warm oder kalt?
3. Wenn deine Aufmerksamkeit abdriftet – was sie ganz sicher tun wird –, dann lenke sie einfach wieder zurück zu den Nasenlöchern und der Atmung.

Die drei Schritte wiederholst du fünf Mal, zwanzig Mal, hundert Mal, tausend Mal oder so oft du magst. Alternativ nimmst du dir eine feste Zeitspanne für die Übung vor: Eine Minute, drei Minuten oder fünf Minuten zu Beginn reichen vollkommen aus. Später kannst du dann erhöhen. Realistisch im Familienalltag sind erfahrungsgemäß täglich fünfzehn bis dreißig Minuten.

Das Schöne an der Atemmeditation ist, dass du sie überall machen kannst. Zu Hause auf einem extra Mediationskissen genauso wie beim Warten an der Bushaltestelle oder im Auto im Stau. Überfrachte deine Meditation nicht mit unrealistischen Erwartungen. Klassiker sind das Nicht-Denken-Wollen oder wie ein Yogi oder Zen-Mönch bewegungslos sitzen zu müssen. Sobald dieser Wille in dir steckt, hast du einen persönlichen Ich-muss-doch-Gedanken, der von Anfang an die Meditation sabotieren wird. Also, relax!

Meditieren bedeutet einfach, die Gedanken zu beruhigen. Es heißt nicht, dass du gar nicht mehr denkst. Zu merken, dass du gerade deinen Atem gar nicht wahrnimmst, sondern deine Gedanken um die Familie oder deinen Job kreisen, ist schon ein sehr großer Schritt. Das ist Achtsamkeit pur! Sobald du das realisiert hast, lässt du die Gedanken ziehen und kehrst zu deiner Atmung zurück – bis das nächste Gedankenkarussell deine Aufmerksamkeit abziehen wird.

Immer diese Müdigkeit: So wirst du endlich wieder wach

Du fühlst dich müde und antriebslos. Vielleicht schläfst du eigentlich ganz gut, trotzdem fehlt dir jegliche Energie. Du hast das Gefühl, du könntest manchmal sogar im Stehen einschlafen. Auf jeden Fall bist du abends heilfroh, wenn die Kinder endlich im Bett sind und du dich aufs Sofa legen kannst. Beine hoch, nichts hören und vor allem nicht mehr sprechen müssen. Beinahe ärgerst du dich über dich selbst! Wo ist denn deine ganze Lebensfreude, deine ganze Energie hin? Du könntest abends endlich den Film schauen, den du schon so lange sehen möchtest! Das Problem wäre aber, dass du wahrscheinlich schon nach zehn Minuten einschlafen würdest. Macht also keinen wirklichen Sinn ... Du könntest auch endlich den Yogakurs am Abend belegen! Nee, der fängt erst um acht Uhr an. Bis du dann wieder zu Hause wärst ... Du wolltest doch endlich mit dem Online-Sprachkurs beginnen! Ach, du bist so müde, du kannst dir momentan sowieso nichts merken ... Und so vergeht Abend für Abend, Woche für Woche und du hast das Gefühl, du dümpelst so vor dich hin. Ähm, und jetzt? Soll das für immer so bleiben? Nein, natürlich nicht! Pausen sind gut und wichtig, aber: Du darfst sie auch mit schönen Dingen für dich füllen! Nein, viel mehr noch: Du brauchst schöne Dinge für dich! Und du wirst sehen: Deine Energie kommt zurück! Manchmal ist einfach der erste Schritt der, der sich so anfühlt, als ob man Blei an den Füßen trägt!

1. **Lass dich durchchecken!** Bist du dauermüde und antriebslos, solltest du dich einmal ärztlich durchchecken lassen. Keine Sorge, es muss überhaupt nichts Ernstes dahinterstecken! Manchmal sind einfach nur die Eisen- oder Vitaminspeicher leer oder deine Schilddrüse führt ein, bislang unbemerktes, Eigenleben.

2. **Bringe deinen Kreislauf in Schwung!** Wenn es dir möglich ist, solltest du dich morgens duschen. Nach einer warmen Dusche solltest du das Wasser zum Schluss noch einmal richtig kalt stellen (mehr dazu in meinem Selbstexperiment: Was bringt kaltes Duschen wirklich?). Vielleicht mag dir das am Anfang noch nicht so gut gelingen. Dann versuche doch einfach, deine Beine am Ende noch einmal kalt abzuduschen. Auch Wechselduschen (warm/kalt) bringen deine Gefäße in Wallungen und dich auf Trab!

3. **Baue Bewegung in deinen Alltag ein!** Natürlich empfiehlt es sich immer, feste Zeiten für körperliche Bewegung in den Alltag einzuplanen. Manchmal geht das aber leider nicht. Auch kein Problem! Dann integriere sie einfach zwischendurch. Das heißt: Fahre kurze Strecken mit dem Fahrrad. Nimm die Treppe statt des Aufzuges. Steige abends eine S-Bahn-Station früher aus und laufe den Rest nach Hause. Körperliche Aktivität stärkt deinen Kreislauf, fördert deinen gesunden Schlaf und triggert die Ausschüttung von Glückshormonen.

4. **Setze dir positive Ziele!** Keine Energie für den Italienisch-Online-Sprachkurs? Dann „besteche" dich mit der Planung eines Kurztrips an die Amalfiküste! Sonne, Strand, ein schnuckeliges Hotel am Wasser ... Wäre ja schon super, wenn du deinen Weißwein dann auf Italienisch bestellen könntest! Manchmal braucht es kleine Ziele, um sich selbst aus dem Motivationsloch zu holen. Der Alltag drückt uns alle ganz selbstverständlich immer wieder in die Keine-Energie-Falle. Das Problem dabei: Hieven wir uns da nicht raus, verbleiben wir dort. Und verpassen dabei die schönen Dinge des Lebens.

Das Selbstexperiment: Wirkt Meditation selbst bei einer Duracell-Lady?

Aber ist Meditation – so gut ihre Effekte auch sein sollen – auch wirklich was für jede von uns? Wir haben unsere Kerstin gebeten, vier Wochen lang zu meditieren. Sie ist nicht nur absoluter Neuling auf dem Gebiet, sondern auch vom Schlag „Häschen, hüpf!". Sich eine Zeit lang hinsetzen, einfach mal atmen und nichts tun – bisher nichts für Kerstin. Sieht das nach dem Selbstexperiment anders aus?

Unsere Hebamme und siebenfache Mama Kerstin Lüking hat den vierwöchigen Test gemacht

Regelmäßig sehe ich meinen Ehegatten auf der Yogamatte und beobachte ihn, wie er mit sehr viel Ausdauer und Durchhaltevermögen sein Programm zum körperlichen und geistigen Wohlbefinden durchzieht.

Ich finde es immer wieder erstaunlich, wie konsequent Männer in diesem Punkt sein können. Da wird in einer „Arschruhe" auf der Matte rumgeturnt, während ich den Kindern Brote schmiere, Wäscheberge im Keller sortiere oder den Staubsauger wie einen störrischen Köter hinter mir herzerre. Mann müsste man sein! Da hat man Zeit für den Morgengruß, die blinde Kobra und den pupsenden Hund oder wie das alles heißt! Mein Mann macht dabei Geräusche, die mir Schamesröte ins Gesicht treiben. Ich muss dabei immer unweigerlich an Sex denken! Ist ja auch irgendwie Sport, nur schöner! Nach zwanzig Minuten ist oft der Punkt erreicht, an dem ich keine Stöhn-Geräusche mehr vernehmen kann! Da liegt er – ohne Regung. Ist er tot? Ich pirsche mich an ihn heran und zwicke ihn in den Oberarm – nichts passiert! Halte ihm meinen Finger unter die Nase. Aha, er atmet noch! Nun stecke ich ihm einfach meinen Finger IN die Nase. Es folgt ein: *Mensch, bist du irre? Du hast mich bei meiner Meditation gestört! Jetzt bin ich raus. – Sorry*, säusele ich. *Ich dachte, du bist gestorben nach einem Mega-Orgasmus auf der Yogamatte!!* Es treffen mich verbale Blitze und Mann trollt sich beleidigt ins Badezimmer! Ich inspiziere mittlerweile den Ort des Geschehens. Den Ort meiner Challenge für die nächsten vier Wochen!

Woche 1

Ich lege mich auf die Matte, starre gegen die Decke und denke nur: *Total unbequem hier. Hier sollen meine Gedanken zur Ruhe kommen, während sich mein Rippenbogen in den Fußboden bohrt?* Ich schließe die Augen, spüre meinen Atem und gehe in Gedanken meine To-do-Listen durch: *Ich müsste mal die Winterreifen durch Sommerreifen ersetzen lassen, es ist bereits Juni, Friseur wäre auch mal wieder nett, die Kinder brauchen neue Turnschuhe ...* Ein lauter Knall beendet schlagartig mein Gedanken-Karussell. Ich werte es als Omen, dass, wenn ich auf der Yogamatte liege, eine Blumenvase aus dem Regal fällt. Ich sollte sofort damit aufhören, geht nur leider nicht! Meine Challenge muss ich durchhalten, komme was wolle! In den nächsten Tagen kreisen meine Gedanken Atemzug um Atemzug. Genervt probiere ich alle Körperpositionen aus. In der Bauchlage fange ich an, die Kratzer im Parkett zu zählen. Ich bin verzweifelt, da Entspannung auf Knopfdruck nicht funktioniert.

Woche 2

Völlig deprimiert kaufe ich mir eine „Zwitscher-Box"! Diese Box funktioniert wie ein Bewegungsmelder und gibt dann Vogelgezwitscher von sich. Aha, so könnte es klappen bei mir! Entspannung eingeleitet mit Vogel-Tirili. Plötzlich gehe ich in Gedanken nicht mehr meine Einkaufszettel durch, sondern latsche plötzlich durch einen Kiefernwald. Nach zehn Minuten schaltet sich meine Box automatisch ab. Schade! War gerade so schön hier. Das erste Mal rolle ich nach elf Tagen meine Matte zufrieden ein.

Woche 3 und 4

Ab Tag zwölf bis zum Ende der Challenge freue ich mich auf meine Box und meine Matte, die mittlerweile in der prallen Sonne liegt. Auch das scheint für mich wichtig zu sein – die Wärme, die mich entspannt. Und ich schlafe nun tatsächlich manchmal auf dem Fußboden ein.

Fazit

Es scheint also zu funktionieren, aber nur mit der Box und der Sonne im Gepäck! Was mache ich also, wenn es schneit oder regnet? Ich bin der festen Überzeugung, dass Meditation nicht das Richtige für mich ist. Ich bin einfach zu hibbelig und brauche eher etwas, was mich auspowert: Tanzen, Schwimmen, Rennen. Ich passe nicht ins Beuteschema der Yogis und gut gemeinte Ratschläge meiner Freundinnen, wie *Kerstin, das ist total cool! Du bist danach völlig entspannt. Das ist dein Ding!*, laufen ins Leere. Ich bleibe stur! Aber eins ist klar, meine Zwitscher-Box habe ich ins Herz geschlossen. Die darf bleiben und der Frau mit der Entspannungs-Meise Gesellschaft leisten.

DEINE BEZIEHUNG UND DU

Eine Beziehung ist Arbeit. Sie verläuft in der Regel nicht immer nur glatt oder über die ganze Zeit einfach nur super glücklich – das gehört eher in die Sparten Hollywood, Groschenroman oder TV-Schmonzette. Sie ist ein bisschen so wie unser Sommerwetter: Es gibt heiße Hochs, Sonne und Wolken im Wechsel, dann wieder ein wenig Regen, und ab und an knallt es mit einem Gewitter. Und manchmal gibt es auch über Monate Dauerregen. Mit dem Unterschied, dass das Wetter macht, was es will. Und wir an unserer Beziehung (bis zu einem gewissen Grad) arbeiten können – vorausgesetzt, dass beide Partner*innen an einem Strang ziehen.

Wie? Das möchten wir dir in diesem Kapitel erklären. Wir möchten mit dir gemeinsam die Vogelperspektive einnehmen und verschiedene typische Aspekte kritisch hinterfragen und dir Lösungsansätze bieten.

Vier erste Schritte zu einer Beziehung auf Augenhöhe

Wir sprechen mit dir über Erwartungen, Streit, Langeweile, die Auswirkungen von Sex auf Körper und Seele sowie über Mental Load. Und wir reden mit dir auch über das Thema „Trennung" – wir möchten dem Thema die Schwere nehmen, denn manchmal ist eine Trennung für Eltern die bessere Option. Und zwar dann, wenn sich Dauerregen und Gewitter nur noch abwechseln. Was macht eine gute Beziehung zwischen zwei Menschen grundsätzlich aus? Wir glauben daran, dass sie auf Augenhöhe stattfinden muss. In vier ersten Schritten erzählen wir dir, wie ihr dahin kommen könnt.

Schritt 1: Schaue dir den Ist-Zustand an

Diese verliebte Prickeln, das regelrechte Ausschlagen der Hormone, wenn dir dein Partner oder deine Partnerin ein *Ich liebe dich!* ins Ohr haucht oder auch dieses Herzklopfen, wenn du weißt: endlich Zeit zu zweit. Wahrscheinlich kennst du solche oder ähnliche Gefühle auch aus der ersten Zeit eurer Beziehung – und vermutlich haben sich solche Gefühle auch bei dir verändert oder wurden durch neue (nicht weniger schöne) und durch deine hinzugewonnene Rolle als Mama ersetzt. Vielleicht ist bei euch aus dem Verliebtsein Liebe geworden, möglicherweise wurde das anfängliche Prickeln zu einem Gefühl der tiefen Verbundenheit oder das Herzklopfen einfach zu einem wohligen Gefühl in deinem Körper, das dir signalisiert: Da ist jemand, mit dem du dir die wundervolle Aufgabe der Elternschaft teilst. Ja, das Elternwerden verändert die Beziehung, gibt ihr eine neue Richtung, einen neuen Fokus und einen neuen Ist-Zustand. Der Familienalltag gleicht oft einem Balanceakt zwischen den Rollen als Eltern und dem Leben als Paar. Manchmal bleibt die Beziehung auf der Strecke, wird quasi zur Nebenrolle, und die Elternrolle wird zur Hauptrolle. Oft schleichend, weil der Familienalltag uns Eltern mit all seinen Aufgaben ordentlich einnimmt und die Beziehung in den Hintergrund rückt.

Wir möchten deine Partnerschaft mit dir gemeinsam in den Vordergrund holen und dich bitten, in einem ersten Schritt, ehrlich folgende Fragen zu beantworten:

Bist du glücklich in deiner Beziehung? Was macht dich glücklich? Gibt es etwas, das du vermisst? Was erwartest du von dir und was von deinem Partner bzw. deine Partnerin? Gibt es etwas, das du grundsätzlich *verändern möchtest? Seid ihr ein Paar oder inzwischen vielleicht „nur noch" Freund*innen? Gibt es etwas, das du auf dem Herzen hast, dich aber noch nicht getraut hast, zu sagen? – Falls ja, warum nicht? Was wünscht du dir für euren Alltag als Paar?*

NUTZE DIE KRAFT DER REFLEXION

Nimm dir einen Zettel und einen Stift zur Hand und schreibe deine Gedanken, Gefühle und Wünsche auf, die du rund um deine Beziehung hast. Möchtest du mehr in den Arm genommen werden? Wünschst du dir mehr Zweisamkeit? Findest du euren Sex vielleicht langweilig oder hast du das Gefühl, dass es nur noch um die Kinder geht und nicht mehr um euch? Lass einfach mal alles raus, was du denkst und fühlst. Lege den Zettel beiseite, lasse deine Gefühle ein oder zwei Tage sacken und schaue noch einmal mit Abstand drauf. Was fühlst du jetzt? Wie empfindest du den Ist-Zustand? Das Reflektieren kann dir dabei helfen, deine Gefühle zu sortieren, klarer zu blicken und Antworten zu formulieren.

Das sind viele direkte Fragen, die ans Eingemachte gehen. – Die Beantwortung kann eine Weile dauern. Vielleicht brauchst du Ruhe, Kraft oder den richtigen Moment. Der ungeschminkte, ehrliche, aber auch liebevolle Blick auf euren Ist-Zustand kann ein Augenöffner sein und einen Prozess in Gang setzen. Veränderungen in einer Partnerschaft brauchen oft Mut. Mut, dahin zu sehen, wo wir im Alltag manchmal gerne vorbeigucken, wo es wehtun kann – auf Muster und Gewohnheiten, die möglicherweise nerven, oder Situationen, die unter der Oberfläche vor sich hinbrodeln. Kleine oder größere Probleme, die alle Beteiligten kennen, aber bisher nicht angesprochen haben – z. B. aus Rücksicht, Scham, Zeitmangel oder Müdigkeit. Wir sind der Meinung, dass Ehrlichkeit ein Grundpfeiler einer Beziehung sein sollte. Und wenn du ehrlich zu dir selbst bist, gibst du nicht nur dir, sondern auch deiner Partnerschaft die Chance, sich weiterzuentwickeln.

DER BLICK LOHNT SICH AUCH AUF KLEINIGKEITEN

Manchmal sind es wirklich nur Kleinigkeiten, die dir auffallen. Wir haben die Erfahrung gemacht: Wenn Kleinigkeit auf Kleinigkeit folgt, es immer wieder Dinge gibt, die dich oder dein*e Partner*in stören und die entweder unausgesprochen oder ungelöst bleiben, dann können sie in der Summe sehr belastend sein. Deshalb raten wir dir, für Konflikte rechtzeitig Lösungen zu finden.

Schritt 2: Nimm die Situation an

Vielleicht hast du eben (noch einmal) festgestellt, dass du sehr glücklich in deiner Beziehung bist, du auf deine Partnerschaft zählen kannst und dass ihr aktuell keine größeren Probleme habt, die es zu besprechen gibt. Wenn das so ist: Bitte bewahre dir dieses tiefe und schöne Gefühl. Das ist doch großartig, wenn ihr auf Augenhöhe miteinander umgeht.

Vielleicht hast du aber auch bemerkt, dass du Redebedarf hast oder grundlegend etwas in eurer Partnerschaft ändern möchtest. Möglicherweise tun dir sogar einige Aspekte eurer Beziehung richtig weh, weil du beispielsweise das Gefühl hast, nicht so wertgeschätzt zu werden, wie du es bräuchtest oder weil es ein Ungleichgewicht bei der Aufgabenverteilung gibt. Vielleicht vermisst du eine tägliche Umarmung, liebevolle Worte, guten Sex, regelmäßige Verabredungen oder hast dir über eine lange Zeit aus Rücksicht Kritik verkniffen. Wir raten dir: Nimm die Situation einfach mal an. Eben so, wie sie IST. Das bedeutet nicht, dass du sie gut findest. Du kannst die Vergangenheit nicht ändern, du bist im Hier und Jetzt – und für die Zukunft kannst du dir genau jetzt vornehmen, deiner Partnerschaft neue (liebevolle) Impulse zu geben. Und das ist doch wunderbar.

WANN SOLLTEST DU DIR HILFE HOLEN?

Was uns ganz wichtig ist zu betonen: Wir sprechen von kleineren oder größeren Konflikten in einer Beziehung, die jenseits von verbaler oder körperlicher Gewalt oder Demütigungen auf eine andere Art und Weise stattfinden. Falls du das Gefühl hast, dass du in deiner Partnerschaft unterdrückt wirst, wenn du Angst hast, Gewalt erfährst oder nur noch traurig bist, dann suche dir bitte Hilfe und sprich darüber, z. B. kannst du beim Hilfetelefon „Gewalt gegen Frauen" anrufen unter 08000 116 016. Unter www.frauen-gegen-gewalt.de kannst du dich auch informieren oder im Notfall gleich die Polizei anrufen.

Schritt 3: Rede ruhig über deine Gefühle

Verdammt, warum wirft er nie seine Socken in den Wäschekorb? Immer landen sie davor. Wie kann mein*e Partner*in sich jetzt hinlegen und schlafen? Hallo? Hier ist noch genug zu tun? Wieso bekomme ich nie Blumen mitgebracht? Ich wünsche sie mir doch so. Oder *Schon wieder kein Geschenk zum Geburtstag – nur weil es ihm bzw. ihr nicht wichtig ist, heißt es doch nicht, dass es mir nicht wichtig ist. Verdammt.*

Kennst du solche oder ähnliche Gedanken, die sich in manchen Momenten zu innerlichen Vorwürfen formen und sich dann in Wut an völlig anderer Stelle entladen – manchmal bei einer mini Kleinigkeit, die aber zeigt, was eigentlich schon lange in dir vorging? Wir möchten dich hier ein wenig „anpiksen". Sprichst du über das, was du fühlst, oder gehst du davon aus, dass dein*e Partner*in deine Gedanken von deiner Stirn ablesen kann? Ein Phänomen, das viele Beziehungen betrifft. Um beim Beispiel oben zu bleiben: Eine Person wünscht sich von der anderen etwa mehr Wertschätzung in Form von Blumen oder kleinen Zetteln, spricht es aber nicht deutlich genug aus. Die Erwartung bleibt, die Wut kommt mit der Enttäuschung. Und plötzlich steht da was im Raum, das unausgesprochen erst einmal ein kleines Problem ist, sich aber zu einem größeren entwickeln kann.

Deshalb raten wir dir: Bitte sprich über deine Gefühle, verrate deiner Liebe, was in dir vorgeht, was du denkst und fühlst und was gewisse Situationen mit dir machen. Die Kommunikation auf Augenhöhe ist eine weitere Säule der Partnerschaft. Nur wie kannst du sie richtig anbringen?

Genug Zeit ist wichtig
Nehmt euch bewusst Zeit für ein Gespräch ohne Kinder, z. B. abends oder am Wochenende – fragt jemanden aus dem Verwandten-, Bekannten- oder Freundeskreis, ob er für die Zeit auf euer Kind bzw. eure Kinder aufpassen kann.

Atme durch
Bitte gehe nicht mit großer Wut in ein Gespräch. Sie kann kontraproduktiv sein. Versuche, vorher durchzuatmen und dir klarzumachen, dass da der Mensch sitzt, den du liebst.

Formuliere Kritik ohne Vorwürfe
Formuliere deine Kritik aus deiner Sicht, aus der Ich-Perspektive, am besten ohne Vorwürfe, aber trotzdem auch ehrlich und im Zweifel ungeschönt. Erkläre, was die Situationen, die dich triggern, mit dir im Inneren machen und wieso du sie als stressig oder ungerecht empfindest.

Schaut euch in die Augen
Versuche, im Blickkontakt zu bleiben. So kann deine Message beim Empfänger auch ankommen. PLING!

Höre zu
Höre dir auch die andere Seite an. Sei offen, denn zu einer Beziehung gehören ja immer zwei. Beide Seiten sind gleich wichtig. Du schaffst das! Vertraue dir!

Schritt 4: Zieht an einem Strang

Wichtig ist bei allem, dass ihr an einem Strang zieht, das heißt: Eine Beziehung ist ein Geben und Nehmen. Und keine Einbahnstraße. Bitte stelle das immer wieder auf den Prüfstand, gerne auch gemeinsam. Zwei Beispiele: Du steckst immer wieder zurück, triffst dich selten mit Freund*innen oder gehst kaum noch zum Sport. Dafür lässt du aber deinem Partner bzw. deiner Partnerin viel Freiraum. Abends bist du regelmäßig genervt, weil du mal wieder die Gute-Nacht-Schicht übernommen hast. Du bist diejenige, die die gesamte Familienorganisation übernimmt, merkst aber, dass das viel zu viel ist. – Schließlich erfüllst du damit die Rollen Mama, Hausfrau, Berufstätige und Partnerin. Traue dich, Aufgaben und Verantwortung abzugeben. Wichtig ist, dass niemand den anderen zurücklässt.

Fünf Tipps für mehr Leben in deiner Beziehung

Nun wollen wir mit dir konkrete „Klassiker" durchgehen. Das sind Probleme, die in Beziehungen immer wieder auftreten. Hier kommen quasi unsere Erste-Hilfe-Liebestipps für dich. Zum schnellen Lesen und Umsetzen. Los geht's!

Tipp 1: Sucht euch (neue) Hobbys

Der Familienalltag mit all seinen Themen kann euch ja gefangen nehmen – und das vom ersten Babyjahr an: Kinderkrankheiten, Kita-Eingewöhnung, Umstellung auf die Schule, neue Hobbys und Freunde, andere Eltern, die nerven, Schulabschluss, Organisation der Geburtstagspartys, das schier tägliche Was-wollen-wir-essen? Oder ganz einfach: Gespräche rund ums liebe Geld. Scheinbar dreht sich wirklich alles nur um die Familie und die Alltagsorganisation. Ihr als Paar mit euren Interessen und Themen seid womöglich irgendwo auf der Strecke geblieben. Unser Tipp: Sucht euch (neue) Hobbys.

Warum wir das „neu" in Klammern gesetzt haben? Vielleicht habt ihr auch eine Gemeinsamkeit, die ihr längst vergessen habt und einfach wieder ausgraben könnt – vielleicht habt ihr euch im Theater kennengelernt, weil ihr dort beide regelmäßig hingegangen seid. Oder auf dem Tennisplatz, weil ihr ständig gespielt habt. Vielleicht war es auch ein Surfurlaub in Frankreich, oder ihr habt euch am Tresen eines Clubs kennengelernt und seid vor dem Eltern-Dasein regelmäßig feiern oder auf Konzerte gegangen. Was hat euch Spaß gemacht? Wobei habt ihr richtig gelacht? Geht doch mal dahin zurück und nehmt euch bewusst dafür Zeit. Oder sucht euch neue, gemeinsame Hobbys. – Vielleicht hattet ihr schon immer Lust, tanzen zu lernen und nun bietet sich dieser Kurs dienstagsabends mit Freund*innen an. Oder ihr wollt beide unbedingt fit werden und habt Bock auf ein Workout, das euch an die Grenzen bringt – probiert es aus. Vielleicht geht ihr mal zusammen, mal alleine – und so seid ihr nicht nur wieder in Schwung, ihr habt neue Gesprächsthemen. Und die können eine Beziehung irre bereichern.

Tipp 2: Plant eure Freizeit

Und plötzlich sitzt ihr da, habt Zeit – das Kind bzw. die Kinder sind bei Oma und Opa, bei Freund*innen oder auf Klassenfahrt. Und ihr so: *Huch, was machen wir nun?* Ihr seid fast ein bisschen überfordert, weil ihr Zeit habt. Und wie oft ertappst du dich schon wieder selbst dabei, dass du diese Zeit nutzt, um aufzuräumen, die Küche grundlegend zu putzen, zu arbeiten ... oder einfach mal nichts zu machen? Wahrscheinlich kennst du das, oder? Deshalb raten wir dir bzw. euch dazu: Nehmt euch was Schönes vor als Paar, wenn ihr (endlich) mal frei habt. Nutzt diese Zeit für euch, eure Hobbys, eure Leidenschaft – egal, ob ihr nun Essen geht, Sport macht, Sex habt und den ganzen Tag nackt durchs Haus lauft. Bitte verabredet vorher, wie ihr euer

Kinderfrei-Date gestaltet. Denn – überspitzt gesagt – wenn beide nur auf ihr Handy gucken, weil es endlich mal geht, dann habt ihr vermutlich in dieser Zeit nichts gemeinsam gewonnen. Deshalb: Viel Spaß bei eurem schönen Date – geht doch einfach mal OFF!

Tipp 3: Werde dir über deine Erwartungen bewusst

In wen hast du dich damals verliebt? Hat sich dieser Mensch verändert oder ist er eigentlich seinen Grundsätzen treu geblieben? Butter bei die Fische: Erwartest du Dinge, die es früher mal gegeben hat? Oder hat es die noch nie gegeben, weil sich dein*e Partner*in treu geblieben ist?

Wir möchten dir nicht zu nah treten, sondern einfach ein Bewusstsein schaffen für die Erwartungen, die wir alle manchmal an unsere Partner*innen haben – und die sie gar nicht erfüllen können oder auch nicht möchten. Ein Beispiel: Du wünschst dir so sehr handgeschriebene Geburtstagskarten oder mal eine Zettelchen mit einer lieben Botschaft in der Küche – allerdings weißt du, dass dein*e Partner*in es hasst, zu schreiben. Und dass ein paar Zeilen für dich vielleicht super easy sind, nur … deiner Liebe gehen Worte nicht leicht von der Hand. Deshalb bekommst du weder Liebesbriefe noch schöne kleine Notizen. Oder: Schon vor eurer Zeit war dein*e Partner*in sehr aktiv in einem Verein, in einer Partei oder hat seit langer Zeit schon ein Hobby, das viel Zeit frisst. Das kann ein Störfaktor mit Kindern werden – klar. Nur: Es deshalb sein lassen wäre wahrscheinlich keine Option, wenn es zum Leben der jeweils anderen Person dazugehört und es eine richtige Leidenschaft ist.

Manchmal geht es ja auch ums liebe Geld. – Du gibst beispielsweise gerne Geld aus, dein*e Partner*in ist ein richtiger Sparfuchs. Und nun? Versucht, in einem ehrlichen Gespräch Kompromisse zu finden, euch in der Mitte zu treffen. Eine Möglichkeit wären getrennte Konten, auf die jeder von euch ein Taschengeld monatlich einzahlt. Der Deal ist, jede*r kann sein Geld verwalten und damit machen, was er*sie will. Oder: Du willst das teure Sofa kaufen, dein*e Partner*in möchte hier sparen – und nun? Gibt es was in der Mitte? Wie wäre es, wenn einer bei diesem Kauf entscheidet, der anderem beim nächsten? Welche Argumente hast du, welche dein*e Partner*in? Macht eine Pro-und-Contra-Liste und schaut, welche Seite die besseren Argumente hat – wichtig auch hier: Bleibt bitte im Gespräch.

Tipp 4: Flaute im Bett? Das könnt ihr nun tun!

Ein Paar, das über längere Zeit keinen Sex hat – das kommt vor. Nicht nur nach der Geburt, die für viele von uns körperlich aufreibend genug ist, sondern auch im späteren – oft stressigen – Familienalltag. Ein, zwei, drei Monate Flaute im Bett – kann passieren. Nur: Was, wenn die Flaute anhält? Wenn der Sex fehlt – einer oder beide keine Lust mehr haben. Was könnt ihr tun, wenn die ursprünglich gute Nummer zu einer Nullnummer wird? Manchmal kommt auch dazu, dass einer will und der andere nicht. Auch doof! Also, falls du in so einer Situation steckst, mehr kalt als heiß – du vielleicht gerne mehr Sex hättest, dein*e Partner*in aber nicht, dann probiert doch mal folgende Wege.

Bitte sprecht darüber ...

... und seid auch hier ehrlich miteinander: Wer fühlt was? Wenn eine*r von euch keine Lust hat, dann sprecht über die Gründe und Ursachen. Wenn etwas fehlt im Bett oder eine*r auf etwas anderes steht, dann klärt, was es genau ist. Wenn ihr immer zu müde seid, dann findet Uhrzeiten, Auszeiten und Möglichkeiten, die euch wieder nackt zueinanderbringen. Bei manchen ist es die Mittagspause, bei anderen der Quickie, wenn die Kinder schon im Auto sitzen und angeschnallt warten und ihr nochmal ganz kurz was von drinnen holen müsst. Manche Paare verabreden sich auch zum Sex. Seid doch einfach mal kreativ! Und wenn einer von euch Druck spürt, Sex haben zu müssen, dann sprecht auch darüber. Kommunikation ist immer wichtig – aber vor allem bei diesem sensiblen Thema.

Nehmt euch Auszeiten vom stressigen Alltag

Damit haben wir es im Kern schon gesagt. Wenn ihr beide oder auch nur eine*r von euch zu gestresst ist, um sich auf Sex einzulassen, weil der Alltag viel zu hektisch ist, dann nehmt euch mal bewusst zwei Tage nur für euch. Entweder zu Hause oder eben in einem Apartment, einem Hotel oder wonach auch immer euch der Sinn steht. Nehmt euch eure Paar-Zeit! Sie ist so viel wert.

Macht was gegen Langeweile

Einem bzw. einer von euch ist der Sex zu öde geworden? Immer die olle Reiterstellung oder gerne jeden Sonntagmorgen der Sex-Paukenschlag um acht Uhr, so nach dem Motto: *Hallo wach, hallo Sex*. Die einen lieben Rituale, aber was ist wenn der Partner bzw. die Partnerin das total doof findet? Bringt Schwung rein. Sucht euch eine neue Sex-Location, geht aus und flirtet wieder miteinander, geht durch einen Sex-Shop – hier kauft ihr entweder fröhlich ein oder geht gemeinsam kichernd wieder raus, ohne Geld ausgegeben zu haben. Auch gemeinsames Lachen kann befreien und schon der Gang durch den Shop Lust machen. Vielleicht ist es auch ein Porno, den ihr gemeinsam schaut. Probiert etwas Neues aus, erzählt euch von euren geheimen Wünschen und Fantasien. Auch hier gilt: Schweigen ist Silber, Reden ist Gold.

Tipp 5: Nur noch Streit? Das ist eine Lösung!

Manchmal ist die Situation so verfahren, dass jedes Gespräch gleich laut wird und in einem Streit mündet. Scheinbar versteht dein Gegenüber dich einfach nicht mehr – vielleicht kennst du dieses Gefühl des Aneinander-vorbei-Kommunizierens. Die Nachricht vom Sender kommt einfach nicht beim Empfänger an. Das kann nicht nur frustrierend, sondern für beide Seiten auch zermürbend sein. Nicht nur für die Eltern, sondern auch für die Kinder, wenn sich ihre Eltern entweder anschweigen, ständig streiten oder anschreien. Wenn du das Gefühl hast, du kommst nicht mehr weiter, dann raten wir dir und deinem Partner bzw. deiner Partnerin dazu, eine dritte unabhängige Person dazuzuholen.

Vielleicht klingt das für dich erst einmal absurd, vielleicht auch nur für deine*n Partner*in, aber am Ende ist es doch so, dass neutrale Personen als Mediatoren gute Impulse geben können. Wir empfehlen dir, eine*n Paarcoach aufzusuchen, um dort über die Probleme zu sprechen. Sei es ein*e ausgebildete*r Psycholog*in, ein*e Heilpraktiker*in oder ein ausgewiesener Coach wie Sascha Schmidt. Wichtig ist nicht nur die Expertise, sondern auch das Zwischenmenschliche. – Es muss einfach zwischen euch passen. Für dich und für deine*n Partner*in. Und was, wenn dein*e Partner*in nicht will? Dann lautet unser Rat: Mache einen oder zwei Termine für dich alleine und sei offen für fachliche Ideen und Ratschläge. Lass das Gespräch sacken und wenn du eine Art Aufgabe für zu Hause bekommen hast, dann lass sie nicht als guten Vorsatz irgendwo im Sande verlaufen, sondern setze sie um.

**Bestseller-Autorin und TV-Moderatorin Anna Funck
über Trennung und Liebesglück.**

Wie führe ich eine Beziehung auf Augenhöhe? Anna Funck hat eine Scheidung hinter sich und ist heute wieder glücklich verheiratet. In diesem Interview verrät sie dir ihr Geheimnis einer guten Beziehung.

„Mein Mann lässt mich meine Silly Dreams leben und ich ihn seine."

Wie schwer war der Schritt für dich? Vor welche Herausforderungen wurdest du als Mama gestellt und wie hast du es dann geschafft, wieder glücklich zu werden?

Der Schritt ist gar nicht schwer, wenn man den Punkt erreicht hat, an dem man sich sicher ist. Und ich habe nie aufgehört, an die Liebe zu glauben. Ich war auch nicht verbittert, weil unsere Ehe nicht funktioniert hat.

Ich habe Gatten Nummer eins schwer verliebt geheiratet und wusste immer: Es kann auch schiefgehen. Wir hatten eine fantastische und eine weniger fantastische Zeit. Und irgendwann war es vorbei, weil wir andere Vorstellungen hatten. Und das ist okay, kann passieren. Nur weil es mit einem Mann nicht mehr gepasst hat, steckt man ja nicht bis ans Lebensende den Kopf in den Sand und guckt keinen anderen mehr an. Wichtig ist: Aus seinen Fehlern lernen und nicht wieder den gleichen Typ anschleppen.

Wenn dich nun jemand um Rat fragt, ob sie bzw. er sich trennen solle oder nicht, was wäre deine Antwort auf die Frage: Woran merke ich, ob ich noch glücklich bin?

Diese Frage beantwortet man besser nicht, weil das nur die Person wissen kann, die sich trennen will, und wenn sie sich nicht trennt, bist du immer der Buhmann, der schlecht über die Beziehung denkt. Aber für mich gibt es einen Indikator: Fühle ich mich geliebt? Wenn die Antwort auf diese Frage – trotz aller Lippen- und Liebesbekenntnisse – *Nein!* ist und das auch über einen längeren Zeitraum, dann wäre es für mich nicht das Richtige.

Du bist heute wieder glücklich verheiratet: Woran spürst du im turbulenten Familienalltag, dass du bei deinem Mann zu Hause bist?

Liebe klingt langweilig, aber das ist die Basis: Vertrauen, Respekt und Bewunderung. Mein Mann lässt mich meine Silly Dreams leben und ich ihn seine. Wenn ich zum Beispiel meine Bücher promoten will, ist das oft ein Kraftakt, aber er gibt mir immer Rückendeckung. Wenn wir Entscheidungen treffen – dann zusammen.
Aber wenn es nicht anders geht, wissen wir, dass der andere die bestmögliche Entscheidung trifft. Ich vertraue meinem Mann da blind. Und wir finden uns nach wie vor heiß. Das ist nicht unwichtig. Selbst wenn wir abends vor Erschöpfung auf dem Sofa einschlafen. Außerdem kennen wir unsere Stärken und Schwächen und lassen uns gegenseitig den Vortritt, wenn es das Fachgebiet des anderen ist. Darüber reden wir gar nicht erst – es passiert automatisch. Die Frage der Augenhöhe stellt sich gar nicht mehr. Oder wie mein kanadischer Schwager immer sagt: *Life is complicated enough. You need someone who makes it easier.* Das ist ein guter Gradmesser, finde ich.

Beziehung auf Augenhöhe führen – was bedeutet das für dich?

Vertrauen – egal worum es geht. Wenn Jenz etwas regelt/verspricht/organisiert, weiß ich, das läuft. Und umgekehrt genauso.

Angenommen, eine befreundete Mama erzählt dir: Anna, ich bin nur noch Mutter – meine Partnerschaft leidet extrem. Was kann ich nun tun? Welchen Rat würdest du ihr geben?

Es gibt solche Phasen und solche. Das ist okay. Einfach mal hinnehmen, akzeptieren, dass die Mutterrolle bzw. das Elternsein jetzt mal im Hauptprogramm läuft. Wenn die Kinder älter werden, wird das Nur-Mama-Papa-Ding *(Anmerkung der Autorinnen: oder Nur-Mama-Mama-Ding)* automatisch wieder weniger und man kann auch wieder mehr Frau und Mann *(Anmerkung: oder Frau und Frau)* sein. Ansonsten einfach weitermachen wie bisher und auch nicht aufhören, zu duschen oder Beine zu rasieren. Wenn es geht auch hin und wieder etwas als Paar unternehmen, aber wichtiger ist, aufmerksam zu bleiben, zuzuhören und füreinander da zu sein. Ich frage meinen Mann auch gelegentlich: Wie geht es dir eigentlich? Und wenn die Partnerschaft stimmt, dann übersteht man auch die extreme Elternphase, in der man nur noch vor Netflix ab Filmhälfte einnickt. Dann muss man auch nicht lernen, im Champagnerglas zu strippen.

 # Beziehung glücklich leben

Wahrscheinlich wünschst du es dir, wie viele andere Menschen auf diese Welt auch: eine glückliche und erfüllte Beziehung zu deinem Partner bzw. zu deiner Partnerin. Aber was macht eine gesunde Partnerschaft eigentlich aus? Wann genau ist sie in Balance – wie kann das aussehen? Und wie bekommt es ein Paar hin, auf Augenhöhe mit großem Respekt füreinander zu leben und zu lieben? Wir gehen mit dir jetzt die Themen durch, die wir als grundlegend dafür empfinden: eine gerecht aufgeteilte Familienorganisation, persönliche Freiräume und Sex. Wie ihr das als Paar hinbekommen könnt – das erzählen wir dir jetzt.

Mental Load? So bekommt ihr die Familienorganisation in den Griff!

Vielleicht hast auch du diesen Begriff in letzter Zeit immer öfter gehört: Mental Load. Vielleicht hast du noch keinen blassen Schimmer, was das eigentlich sein soll; vielleicht hast du dich aber auch schon zu diesem Thema belesen und bist heilfroh, dass es endlich einen Begriff dafür gibt, was tagtäglich (und auch nachts) in deinem Kopf los ist und was du eigentlich schwer in Worte fassen kannst.

Wenn der Kopf nie Pause hat

„Mental Load" bedeutet so viel wie „mentale Belastung" und trifft die Sache eigentlich ziemlich gut auf den Punkt: Vor allem Mütter haben niemals Ruhe im Kopf. Ständig läuft das Denken, das Organisieren und Verantwortungübernehmen auf Hochtouren. Das Problem ist, dass diese 24/7-Arbeit von außen quasi unsichtbar ist und für Außenstehende, vor allem häufig für die Partner*innen, gar nicht erkennbar. Oftmals freuen sich sämtliche Familienmitglieder einfach, dass der Laden läuft und die Zahnräder des Alltags scheinbar wie von Zauberhand mühelos ineinandergreifen. Dass eine ganze Maschinerie in deinem Kopf dafür pausenlos Feuer gibt, sieht keine*r auf den ersten Blick. Ein zweiter Blick wird häufig gar nicht erst gewagt – zu groß ist die Gefahr, dass Mütter auf die Idee kommen könnten, irgendwelche Bereiche ihrer mentalen Großbaustelle outsourcen zu wollen. Kleine Kostprobe gefällig?

Der Kühlschrank ist stets gut gefüllt. Für die täglichen Schulbrote ist immer ausreichend Butter und Belag für die ganze Woche vorhanden. Falls mal etwas ausgeht, wird die Stunde zwischen Büroschluss und Ende der Nachmittagsbetreuung noch schnell für einen kurzen Einkauf genutzt. Die Stundenpläne der Kinder sind verinnerlicht und im Turnbeutel der Jüngsten sind jeden Dienstagmorgen – HEXHEX! – frisch gewaschene Sportsachen. Sämtliche Mathe- und Deutschtests der Großen sind im Kopf fest eingeplant, natürlich auch die Tage davor, die zum Lernen und Wiederholen genutzt werden müssen. Die Planungen für das Schulsommerfest sind in vollem Gange und laufen quasi parallel zu den Geburtstagsvorbereitungen der Ältesten. Natürlich wird auch dem Wunsch der Schwiegermutter Folge geleistet, doch bitte gleich ein Geburtstagsgeschenk für die Enkelin mit zu besorgen *(Du weißt doch am besten, was ihr gefällt!)*. Ach, und nicht zu vergessen die Organisation und die Koordinierung der Sommerferien. Wurde doch der Wunsch geäußert, diese mit einer befreundeten Familie zu verbringen! Jetzt gilt es, Zeiträume abzusprechen, Wunschziele zu berücksichtigen und Preisangebote einzuholen. Und das am besten rechtzeitig. Nebenher will außerdem noch ein Job erfüllt werden, die Urlaubsvertretung eingearbeitet und die Steuererklärung (wieder mal viiiel zu spät!) abgegeben werden.

Na, kommt dir das bekannt vor? Und was antwortest du auf die Frage, wer all diese Aufgaben gedanklich vorbereitet und schließlich meist auch erledigt? Genau: DU! Wie so viele andere Mütter dieser Welt, die im Stillen denken, planen, organisieren und stets die Übersicht behalten. Das Problem mit Dingen, die äußerlich meist kein unglaublich einzigartiges Endergebnis erzielen (der Laden läuft halt einfach), ist, dass die Person, die dahintersteht, meist nicht ausreichend und gebührend gefeiert wird. Manchmal ist deshalb der Mental Load auch einfach ein Overload, eine Überbelastung und schlicht und ergreifend frustrierend.

Mental Load ade – so gibst du Verantwortung ab

Doch was kannst du tun, um auszusteigen aus diesem gedanklichen Hamsterrad, diesem Verantwortlichsein für alles und jeden? Hier vier Tipps, die dir schnell und vor allem effektiv dabei helfen!

Lass los!

Der erste und wichtigste Schritt ist, dass DU loslässt! DU bist nicht für alles verantwortlich! Fühlst du dich aber so und vor allem nimmst du auch noch allen anderen ihre Verantwortung ab, dann wird sich nichts ändern. Alle werden es weiter genießen, dass die Dinge, ohne eigenes Zutun, laufen. Ist ja auch super bequem. Nur für dich nicht.

Delegiere richtig!

Es geht schließlich darum, deine Familienmitglieder WIRKLICH in die Verantwortung zu nehmen! Das heißt: Du musst Aufgaben komplett abgeben und dich nicht weiter darum kümmern – auch auf die Gefahr hin, dass Dinge liegen bleiben, nicht erledigt werden und Frust entsteht.

Lass Ausreden nicht mehr gelten!

Ein *Warum hast du es mir denn nicht gesagt?* oder *Warum hast du mich denn nicht darauf hingewiesen?* zählt nicht mehr! Weder bei deinem Partner bzw. bei deiner Partnerin noch bei nicht mehr ganz so kleinen Kindern. Teilt gemeinsam (!) Aufgabenbereiche auf, für die wirklich jede*r ganz selbstständig Verantwortung trägt. Du bist ab sofort nicht mehr diejenige, die die Oberaufsicht hat, sondern es sind nun alle, die gemeinsam einen Blick auf euren Familienalltag werfen.

Befreie dich zum Wohle deiner Kinder!

Auch wenn diese jetzt motzen und meckern – versuche bitte zu erkennen, dass du ihnen einen Gefallen damit tust, wenn du aus der Mental-Load-Falle aussteigst! Dass vor allem Mamas dort immer wieder hineingeraten, liegt vor allem an der immer noch sehr konservativen Aufgabenverteilung, die uns allen in den Knochen steckt. *Frauen sind für den Haushalt, die Kinder und die Familie zuständig, Männer verdienen das Geld.* Das sind Werte aus vergangenen Zeiten. Mittlerweile stehen Frauen genauso fest im Berufsleben bzw. möchten einfach nicht mehr allein die volle Verantwortung für das Familienleben tragen. Richtig so! Damit es die nächste Generation, deine Töchter, deine späteren Schwiegertöchter, einmal leichter haben, können wir Frauen von heute nicht früh genug damit anfangen, uns nicht mehr für alles allein (!) verantwortlich zu fühlen.

 ## Teilt euch die Kinderbetreuung fair auf

Wir vom MutterKutter-Team haben in einem unserer Selbstexperimente an einem Samstagvormittag zwischen 10 und 14 Uhr die Anzahl unserer Mama-Ansprachen gezählt. Sie lagen innerhalb dieser vier Stunden zwischen 18 und 51 Mal. Je nachdem, wie groß unsere eigene Kinderschar natürlich ist, mal etwas mehr und mal etwas weniger. Ehrlicherweise führt das Wort „Mama" nicht nur zu einer mittlerweile bestehenden Allergie gegen genau diese Bezeichnung, sondern auch zu einer gewissen Unentspanntheit unsererseits. Vielleicht kennst du das in Zeiten, in denen du eh schon viel auf dem Terminplan hast, auch – und hast dich selbst schon sagen hören: *In den nächsten zwei Stunden will ich kein MAMA mehr hören! Gehe zu Papa/Mami, wenn was ist!* Unsere Halsschlagader ist dabei schon prall gefüllt, leuchtet gefährlich rot und zuckt besorgniserregend nervös.

Wut gegen unsere Kinder zu entwickeln wäre allerdings nicht nur unfair, sondern auch nicht richtig. Vielmehr richten sich unsere Giftpfeile dann gerne mal gegen unsere*n Partner*in, der*die vielleicht genüsslich im Sessel sitzt und die Zeitung liest, sich die Fußnägel pflegt oder Yoga macht! Nun ja, auch der Erzeuger unserer Brut bzw. die Partnerin hat mal ein Anrecht auf die Erfüllung der Grundbedürfnisse, wie Lesen oder Körperpflege! Klar! Aber muss das denn ausgerechnet heute sein? Ist denn so schwer zu sehen, dass ich hier schon wieder am Rödeln bin und dringend mal Zeit für unseren Schreibtisch bräuchte? Wie wäre es mal mit: Spielplatz, Naturkundemuseum, Bücherei? Man, was ist der*die betriebsblind und einfallslos! Und dann heute Abend, Punkt 22 Uhr wird sich wieder rangepirscht und einen auf sexy gemacht! *Och nö, Schluss damit!* Da müssen wir vorher erst mal wieder Grundsatzdiskussionen führen, wie eine gerechte Arbeitsaufteilung funktioniert. Bevor das nicht läuft, gibt's keinen Sex. *Ätsch, so einfach ist das!* Na ja, vielleicht nicht ganz so einfach! Denn eigentlich beschneiden wir uns mit solchen Sanktionen unter Umständen auch in den eigenen Sehnsüchten und dem eigenen Verlangen.

SO KÖNNT IHR EUCH JEWEILS FREIRÄUME GÖNNEN

Falls du solche Situationen oder Gedanken kennst, lautet unser Ratschlag: Führe ein klärendes Gespräch, das die Arbeitsaufteilung bezüglich eurer Kinderbespaßung klar definiert. Sie könnte so aussehen, dass ihr an ein bis zwei Wochenendvormittagen etwas gemeinsam als Paar mit den Kindern macht und euch aber auch einen freien Vormittag pro Monat für euch alleine gönnt. So hat jede*r die Chance, sich um seine persönlichen Dinge zu kümmern, die im Laufe der Woche, bedingt durch die Berufstätigkeit, nicht möglich sind. Alternativ sucht ihr euch Zeitfenster am Wochenende aus, an denen die Kinder definitiv nicht stören werden, sondern schlafen. Wir bringen da mal pubertierende Jugendliche ins Spiel, die bis 11 Uhr mindestens „in den Federn" liegen oder kleine Kinder, die ab 18:30 Uhr einen Pakt mit dem Sandmännchen schließen.

Diese Zeit kannst du bzw. könnt ihr jeweils perfekt für eure Buchhaltung, Bücherlesen o. Ä. nutzen. Wir haben die Erfahrung gemacht, und auch schon mehrfach erwähnt, dass für viele Frauen eine äußere Ordnung von großer Wichtigkeit zu sein scheint. Oft entspannen wir Mütter erst dann, wenn äußerlich alles erledigt ist, sprich: Wohnzimmer aufgeräumt, Küche geputzt, Bettwäsche gewechselt, Schreibtisch abgearbeitet usw. Ist das alles getan, ist zwar alles schön sauber und ordentlich, aber Lust zum Sex hat da doch keine mehr von uns. Wir sind einfach zu kaputt, müde, lustlos, frustriert ... und das Allerschlimmste ist, dass wir uns um die Spontanität, die wir eigentlich mal hatten und die man für Sex und schöne Momente nun auch mal braucht, komplett selbst gebracht haben.

SCHIESSE DOCH EINFACH MAL DIE PERFEKTIONISTIN IN DIR AUF DEN MOND

Es ist doch egal, ob da noch Wäsche rumliegt, die Fenster schwarz sind wie die Nacht oder sich schon Fliegenschwärme auf eurem Obstkorb tummeln. Sollte deinem Partner bzw. deiner Partnerin diese Punkte aber wichtig sein, nämlich: Wäsche gefaltet im Schrank, saubere Fenster, keine Obstfliegen ..., schreibe ihm bzw. ihr eine Einladung wie zum Kindergeburtstag!

Ich freue mich, dass du mich in diesen Punkten am nächsten Samstag von 9 bis 13 Uhr unterstützen möchtest. Falls nicht, hätte ich gerne jemanden, der mir im Haushalt hilft. Ich bin gerne deine Geliebte, aber nicht das Mädchen für alles!

Na, wie fühlt sich das für dich an?

Beziehe von Beginn an Stellung

Wir bleiben noch kurz beim Begriff „Mädchen für alles". Wenn die Last des Alltags in allen Bereichen rund um eure Kinder, Kindergarten, Schule, Kinderkrankheiten, Pubertät, Haushalt, den eigenen Job, irgendwann auch vielleicht die eigenen pflegebedürftigen Eltern bei dir liegt, wird das über kurz oder lang zu einer großen Frustration führen, die sich in Aggression oder auch Depression umwandeln und deine*n Partner*in zu deiner Zielscheibe werden lässt. Aus ersten kleinen Sticheleien und Hieben von der Seite können irgendwann die großen frontalen Auseinandersetzungen werden, die die Beziehung infrage stellen und eine Trennung in den Raum stellen können. Das, was mit viel Glück und Verliebtheit gestartet ist, endet unter Umständen im Rosenkrieg.

Einen Anteil daran haben aber sicher beide Seiten, auch wenn das die enttäuschte Seite in der Regel nicht so sieht. Wir sind der Meinung, dass von Anfang an in einer Beziehung die Fronten geklärt werden sollten und dass Frauen nicht immer alles akzeptieren müssen, nur weil vielleicht der Partner vielleicht alte, von seinen Eltern vorgelebte, Rollenklischee mit in die Beziehung gebracht hat. Statt dich zu ärgern: Mache den Mund auf! Sage, was dich stört und was du anders haben möchtest.

Beziehe in deiner Beziehung klare Position und „erlaube" nicht erst Dinge vor lauter Verliebtheit oder Bequemlichkeit, die du später wieder rückgängig machen möchtest. Was sich in Beziehungen eingeschliffen hat, lässt sich in der Regel nur mit viel Kraft und Aufwand wieder ändern. Klare Stellung zu beziehen bedeutet aber nicht, dass du dich wie die Axt im Walde verhalten musst, also dich im Ton vergreifst, laut wirst oder Behauptungen aufstellst, die nicht wahr sind.

Auch wenn du wütend oder enttäuscht bist, bitten wir dich: Tritt einmal einen Schritt zurück und nimm die neutralere Vogelperspektive ein. Nutze die Chance und beobachte nicht nur dich, sondern auch deinen Partner von außen. Vielleicht verstehst du deinen

Partner besser, wenn dir klar wird, dass vielleicht auch er gerade in einer schwierigen Situation steckt. Häufig ist das bei Männern unserer Erfahrung nach berufsbedingt der Fall. Ein Chef, der Druck ausübt, Kolleg*innen, die menschlich nicht integer sind, oder eine Gehaltsabrechnung, die nicht im Verhältnis zur geleisteten Arbeit steht, können zu massiver Unzufriedenheit führen. Leider wird diese Problematik nun zu einem Beziehungsthema. Insbesondere dann, wenn Männer nicht so offen und gesprächsbedürftig sind, wie es vielleicht eine Frau in der gleichen Situation wäre. Zudem spielen Hormone auch bei Männern eine Rolle. Sie erleben ebenfalls einen „Wechsel" im mittleren Alter, was nicht selten als „Midlife-Crisis" das Leben und die Beziehung noch einmal gehörig auf den Kopf stellen kann.

 ### Vier Tipps für eine glückliche Beziehung

Eine glückliche Beziehung – ein großes Lebensziel, das im Alltag leider manchmal schier unerreichbar erscheint. Da hört sich nämlich das Beziehungsleben oftmals so an *Boah, warum hörst du mir eigentlich NIE zu?!?* oder *Ich bin es so leid, immer wieder darüber zu diskutieren!* Hin und wieder fragst du dich bestimmt auch, ob das alles überhaupt noch einen Sinn hat oder du bist müde, von den ewigen Auseinandersetzungen, die zu keinem Ziel zu führen scheinen. Der Wunsch oder auch das Wunschbild der glücklichen Familie bröckelt. Autsch, das tut weh!

Manchmal gehen Familien auseinander. Manchmal erkennen Lebenspartner*innen, dass sie nicht mehr als Liebespaar zusammenleben können oder möchten. Manchmal genügt aber auch eine andere Sichtweise auf die Partnerschaft und die Erkenntnis, dass sie im Grunde nicht dazu dient, den Beteiligten ein uneingeschränktes und dauerhaftes Wohnrecht auf Wolke 7 einzuräumen, sondern, dass die teilhabenden Menschen zunächst einmal selbst Sorge dafür tragen müssen, glücklich zu sein – um dann schließlich auch ein glücklicher Teil einer Beziehung sein zu können.

Das heißt, auch du kannst deinen Teil dazu beitragen. Und wie? Indem du zuerst nach dir schaust:

1. **Habe Respekt dir selbst gegenüber!** Deine Wünsche und Bedürfnisse zählen! Du kannst keine zufriedene Partnerin sein, wenn du ständig zurücksteckst oder dich hinten anstellst. Dein*e Partner*in hat ein Recht auf eine glückliche Frau an seiner*ihrer Seite! Und dafür bist du an allererster Stelle selbst verantwortlich. Folge deshalb in regelmäßigen Abständen deinen Bedürfnissen (und das ohne schlechtes Gewissen!). Ein Wellness-Wochenende mit deiner Freundin, Kino- und Theaterabende, Wanderausflüge etc. Alles, was dir guttut, sollte einen festen Platz in deinem Leben haben.

2. **Sprich deine Gefühle aus!** Für eine*n Partner*in ist es schier unmöglich, deine Gefühle, ebenso wie deine Bedürfnisse zu erahnen. Deshalb musst du sie aussprechen! Wichtig ist, dass du hierbei nicht in einen Vorwurfsmodus verfällst; das ist nämlich gar nicht nötig. Sprichst du das, was dir wichtig ist, rechtzeitig aus, kann sich nichts aufstauen. Versuche dabei, stets in der Ich-Perspektive zu bleiben: *Weißt du, ich wünsche mir regelmäßig einen Abend, an dem ich mich mit meinen Freund*innen treffen kann* oder auch *Ich spüre, wie wichtig es mir ist, regelmäßig einen Tag nur für mich zu haben.* Bleibe stets bei dir und deinen Wünschen. Im Gegenzug lasse deinem Partner bzw. deiner Partnerin Raum, über eigene Bedürfnisse zu sprechen. Gemeinsam könnt ihr dann eine Lösung finden, wie ihr euch beiden gerecht werdet.

3. **Bleibe unabhängig!** Jede Familie entscheidet ganz individuell für sich, wie sie ihre Aufgaben verteilt – das ist klar! Dennoch ist es, besonders in der heutigen Zeit, wichtig, dass du nicht abhängig von deinem Partner bzw. deiner Partnerin bist, weder emotional, noch finanziell. Deshalb ist es empfehlenswert, dass du dir rechtzeitig Gedanken über deine finanzielle Absicherung machst! Es ist sehr schwierig, dich unabhängig zu fühlen und auch so zu streiten, wenn du Angst vor wirtschaftlichen Nöten hast im Falle einer Trennung. Möglicherweise gibst du öfter klein bei oder

gehst Diskussionen aus dem Weg, weil du fürchtest, im Notfall nicht allein für dich (und vielleicht auch für die Kinder) sorgen zu können. Damit machst du dich kleiner als du bist und verhältst dich nicht wie eine gleichberechtigte Partnerin. Du musst, um einen Plan B in der Tasche zu haben, zwangsläufig nicht in Vollzeit arbeiten gehen, wenn ihr euch für eure Familie eigentlich ein anderes Konzept wünscht. Wichtig ist nur, dass ihr rechtzeitig eine feste Absprache trefft, am besten sogar vertraglich, wie du im Zweifel abgesichert bist, wenn du jetzt beruflich zurücksteckst. Das ist unromantisch? – Nö! Fühlst du dich nämlich dahingehend sicher, hast du viel mehr Lust und Muße für die romantischen Dinge in eurer Partnerschaft!

4. **Liebe dich selbst!** Es hört sich so einfach an und du hast es vermutlich auch schon tausendmal gehört, aber: Möchtest du, dass dein*e Partner*in gerne mit dir zusammen ist, dann musst DU zunächst einmal gerne mit dir zusammen sein! Ein mit sich unzufriedener Mensch kann unmöglich ein*e ausgeglichene*r und zufriedene*r Partner*in sein. Innere Unordnung zieht meist auch äußere Unordnung nach sich. Deshalb: Bevor du deine*n Partner*in ändern möchtest, schaue bitte zuerst, was dich wirklich stört. Er*sie soll nicht mehr so viel Zeit mit seinen*ihren Kumpels verbringen? – Hm, ist es nicht vielleicht so, dass du gerne mehr Zeit mit deinen Freundinnen hättest, dir diese aber nicht einfach nimmst oder gönnst? Und deshalb macht es dich so wütend, dass er*sie damit so gar keine Probleme hat?

Je zufriedener du mit dir und deiner Lebenssituation bist, desto großzügiger und wohlwollender kannst du auch mit deinen Mitmenschen sein!

Nimm dein Glück selbst in die Hand!

Glück als das große Ganze und für alle gültig zu definieren, ist extrem schwierig, da jeder sein persönliches Glück anders festlegt. Bedeutet es für die eine Glück, wenn sie eine Woche ohne Kinder in den Urlaub fahren kann, wäre das für die andere ein großes Glück, sieben Tage mit den Kindern zu verreisen. Bedeutet Glück für manchen: mein Haus, mein Pferd, mein Swimmingpool, so ist es für den anderen Freiheit, Gesundheit und Zeit, die ihn zufrieden macht. Sind es die materiellen Dinge, die uns wichtig sind, werden wir in der Regel weniger Zeit haben, da die materiellen Dinge durch Arbeit erwirtschaftet werden müssen.

ZEIT UND FREIHEIT STATT MATERIELLER DINGE

Stehen Zeit und Freiheit ganz oben auf der Prioritätenliste, werden die materiellen Dinge in den Hintergrund rücken müssen. Vielleicht wünschst du dir einen Mittelweg, von jedem ein wenig! Es ist egal, wie du dein Glück definierst: Du musst nicht verkrampft Dingen hinterherrennen, um sie zu erreichen. Stelle dir mal einen Hund vor, der einem Würstchen an der Angel hinterherrennt und es einfach nie erreicht. Die Frustration ist irgendwann immens. Der Hund wird traurig und vielleicht krank. Die Kunst besteht darin, zufrieden zu sein mit dem, was man hat. Bitte vergleiche dich nicht ständig mit anderen und nimm dich an, wie du bist: wertvoll und einzigartig. Dein Glück hängt nicht von anderen ab. Für dein Glück bist du am Ende selbst verantwortlich. Und wenn du glücklich bist, dann ist es auch deine Familie. Wenn in deiner Beziehung die Basis stimmt, wirst du merken: Wenn du strahlst, dann strahlt dein Partner bzw. deine Partnerin mit. Oder andersherum gesagt: Du drehst an deinem kleinen Glücksrädchen, einfach nur für dich selbst – und am Ende kommt positiver Schwung in eure familiäre Gesamtkonstellation.

Paarcoach Sascha Schmidt erklärt:
So bewertest du ehrlich, ob Trennung eine Option ist

Aber was ist, wenn du trotz allem merkst, dass deine Beziehung einfach nicht mehr so richtig läuft? Du hast das Gefühl, dass ihr nicht mehr so wirklich zueinanderkommt. Ab wann ist Trennung eine Option? Wir haben Paarcoach Sascha Schmidt gebeten, dir seine Tipps rund um das Thema aufzuschreiben.

„Die Entscheidung für eine Trennung ist oft ein emotionales i-Tüpfelchen."

Ich trenne mich – ich trenne mich nicht – ich trenne mich – ich trenne mich nicht – ich trenne mich – oder eher doch nicht? Das Blumenorakel hast du vielleicht auch früher auf der Wiese sitzend befragt. Jedoch in der Liebesversion: Er liebt mich – er liebt mich nicht. Jedes gerupfte Blütenblatt war ein Statement; das letzte Blütenblatt die Wahrheit. Was in der Verliebtheit ein wunderschöner Spaß ist, sollte bei der Frage einer Trennung nicht die entscheidende Antwort geben – erst recht nicht, wenn Kinder im Spiel sind. Die Entscheidung für eine Trennung ist oft ein emotionales i-Tüpfelchen. Plötzlich bist du dir sicher und sagst: *Jetzt will ich nicht mehr! Jetzt reicht es wirklich!* Der Kopf ahnte und wusste es bereits vorher. Doch jedes Argument, welches eine Auszeit oder eine Trennung befürwortete, konnte mit einem Gegenargument geschwächt werden. Und so plätschern Beziehungen vor sich hin – mit Gedankenkarussell und flauem Bauchgefühl.

Der Partner bzw. die Partnerin fällt eventuell aus allen Wolken, weil er bzw. sie nichts geahnt hat, oder ist dir dankbar, weil du die Reißleine ziehst und damit etwas tust, was er bzw. sie sich nicht traute. Im Idealfall erkennt ihr beide als Partner*innen, dass es so nicht weitergehen kann und soll. Damit dies gelingt, müsst ihr in Kontakt sein – das bedeutet, einander zu sehen, miteinander zu reden und einander ernst zu nehmen.

Diese Beziehungsklarheit ist nicht nur für euch, sondern auch für eure Kinder sehr wichtig. Kinder verkraften Trennungen ihrer Eltern gut, wenn diese respektvoll, ehrlich und klar geschieht. Der Glaube, sich der Kinder wegen nicht trennen zu dürfen und deshalb lieber eine toxische Beziehung zu ertragen, ist mehr als überholt. Damit tust du als Mutter deinen Kindern überhaupt keinen Gefallen. Dein Kind lernt nur *Aha, als Frau oder Partnerin muss man aushalten* oder *Meinetwegen lässt sich Mama schlecht behandeln.* Das willst du nicht wirklich deinem Kind vorleben, oder?

Zwei Gründe für eine sofortige bzw. schnelle Trennung:

- Du erfährst körperliche oder seelische Gewalt. (Hier solltest du nicht mehr abwägen, sondern SOFORT handeln!)
- Das Suchtverhalten des Partners (u. a. Alkohol, Drogen, Sex, Spiele) ist nicht mehr tragbar für dich.

Zwei Gründe, eine Trennung ernsthaft in Erwägung zu ziehen:

- Dein*e Partner*in hat eine Affäre oder führt eine parallele Beziehung. (Schwierig, wenn es nicht unter euch vorher abgesprochen wurde. Der Fall ist zugleich extrem selten.)
- Dein*e Partner*in und du, ihr habt diametral entgegenstehende Auffassungen, wir ihr zukünftig zusammenleben wollt. (Klassiker ist, wenn sich jemand auf eine Selbst-Entfaltungsreise begibt und den bestehenden Lebensstil nicht mehr mittragen möchte, z. B. bzgl. Nachhaltigkeit.)

Zwei Gründe, eine Trennung als Option zu betrachten:

- Du oder dein*e Partner*in hatte einen Seitensprung. (Nicht automatisch ein Trennungsgrund. Viele Paare verkraften und verarbeiten dies, wenn es eine einmalige Sache war mit Fokus auf Sex.)
- Du fühlst dich nicht mehr wertgeschätzt und gesehen von deinem Partner bzw. deiner Partnerin. Ihr funktioniert wunderbar als Team; als Liebespaar ist der Ofen aus. (Hier gibt es Möglichkeiten, das Feuer wieder zu entfachen. Der Gedanke an eine Auszeit oder Trennung ist oftmals der erste kleine Funke, der das Liebesfeuer neu entzünden kann. Klingt paradox – ist es aber nicht. Denn ihr steht wieder in Kontakt, auch wenn es mit der Diagnose beginnt, dass eure Beziehung in echter Schieflage ist.)

Abgesehen von den ersten beiden Fällen (Gewalt und Sucht) empfiehlt es sich, die Trennungsoption gut zu durchdenken und zu erfühlen. Paarberatung oder individuelles Coaching kann eine sehr gute externe Perspektive geben und bisher unbekannte neue Beziehungswege aufzeigen. Das solltest du nutzen, damit deine Selbstwahrnehmung ein Korrektiv bekommt. Es muss keine Paartherapie sein, denn in den seltensten Fällen ist deine Beziehung krank, oft ist sie „nur" aus dem Gleichgewicht.

 ## Let's talk about sex

Sich zusammen stundenlang durch die Kissen wühlen oder ein schneller Quickie im Badezimmer – gut für Körper und Seele! Wie, du erinnerst dich gar nicht mehr daran, wann du das letzte Mal so richtig guten Sex hattest? Mit gemeinsamem Lachen, Stöhnen und danach einem Gefühl der tiefen Entspannung? Wie? Keine Zeit, zu müde oder zu schlechte Stimmung? Das müssen wir ändern!

Sechs gute Gründe für regelmäßigen Sex

Die Wahrheit lautet: Die Zunahme der Familiengröße ist umgekehrt proportional zu der Häufigkeit an gutem Sex. Ist ja eigentlich auch logisch – ein Kind liegt vielleicht regelmäßig in der Besucherritze, das andere träumt gerade in dem Augenblick schlecht, in dem sich die Eltern gerade gegenseitig zum Höhepunkt schaukeln. *Coitus interruptus* auf die schnelle Art und Weise. Na, vielen Dank auch. Dass da die Lust auf die Lust im wahrsten Sinne des Wortes immer wieder auf der Strecke bleibt, ist eigentlich logisch. Aber deswegen nicht gleich gut! Denn: Sex ist ein wichtiger Bestandteil unseres Lebens. Wir alle sind sexuelle Wesen. Natürlich je nach Lebensphase mal mehr und mal weniger, dennoch gehören der Wunsch danach und die Befriedigung durch körperliche Nähe, die gegenseitige Hingabe und das gemeinsame Erleben von Zärtlichkeiten zu unseren menschlichen Grundbedürfnissen. Da wir alle dazu neigen, unsere Grundbedürfnisse im

Alltag zu vergessen oder ihnen nicht ausreichend Gehör zu schenken, fällt auch das Thema „Sex" immer wieder hinten runter. Dabei ist es so wichtig! Und es ist außerdem eine Investition in deine körperliche und seelische Gesundheit, wie dir die später folgenden Punkte zeigen werden.

BITTE LASST SEX NICHT ZUM PFLICHTPROGRAMM WERDEN

Eins ist sehr wichtig: Sex darf niemals ein Pflichtprogramm werden, niemals etwas, das du erfüllen solltest. Aber: Du darfst immer wieder *Ja* zu einem ausgefüllten und für dich befriedigenden Sexleben sagen! Auch als Mama und als eine Frau, die manchmal gar nicht weiß, wo ihr der Kopf steht. Du darfst immer wieder und aus vollem Herzen *Ja* zu deinem Partner bzw. zu deiner Partnerin sagen, zu seinem*ihrem Körper, eurer Lust und euch ohne schlechtes Gewissen diese ganz exklusive gemeinsame Zeit schenken. Alles, was euch gefällt, ist erlaubt! Ihr dürft es überall tun! Und ein Kind in der Bettritze kann auch immer mal wieder vorsichtig zur Seite geschoben werden, ohne dass es davon einen lebenslangen Schaden erleiden wird.

Und hier die guten Gründe für dich, aus denen ihr es immer wieder tun solltet:

1. **Sex ist Sport!** Ihr müsst dafür nicht einmal wirklich rumturnen, sondern euch einfach nur eurer Lust hingeben. Die Durchblutung wird gesteigert, die Muskeln trainiert und es werden sogar Kalorien verbrannt.
2. **Sex reguliert deinen Hormonhaushalt!** Sex unterstützt die Ausschüttung von Endorphinen, den berühmten „Glückshormonen", reguliert außerdem die Ausschüttung des Stresshormons „Cortisol" und stabilisiert zudem den Haushalt deiner weiblichen Hormone.
3. **Sex lindert Schmerzen!** Sex hat nicht nur einen Trainingseffekt, nein! Dadurch, dass die Durchblutung gesteigert wird und Endorphine ausgeschüttet werden, hast du auch weniger Schmerzen.

Sex, das haben verschiedene Studien bewiesen, wirkt auf ganz natürliche Weise schmerzlindernd.

4. **Sex stärkt das Immunsystem!** Regelmäßiger Sex, auch das haben verschiedenen medizinische Untersuchungen festgestellt, stärkt dein Immunsystem. Er wirkt also quasi wie ein Schutzschild gegen Erkältungen und Co.

5. **Sex ist ein gutes Schlafmittel!** Gerade wenn du abends Probleme hast, zur Ruhe zu kommen, ist Sex ein wahres Wundermittel. Das freigesetzte Hormon „Oxytocin" und die ausgeschütteten Endorphine nach dem Orgasmus wirken beruhigend und einschläfernd.

6. **Sex macht deine Haut schön!** Dadurch, dass deine Haut vermehrt durchblutet wird, wirkt dein Gesicht strahlender und jünger. Sex wirkt zudem auch gegen Falten! Über verschiedene Kaskaden wird nach dem Orgasmus die Kollagenproduktion angeregt. Deine Haut wird straffer und fester.

 ## Selbstbefriedigung – eine gesunde Nummer

Was kannst du machen, wenn dich die Lust packt und dein*e Partner*in gerade nicht verfügbar oder „unlustig" ist? Ganz einfach: Befriedige dich selbst! Warum? Die guten Gründe für Sex sind tatsächlich auch die für Selbstbefriedigung. Masturbation ist zum Glück schon lange kein Thema mehr, das einfach totgeschwiegen wird. In vielen Gesprächen mit Frauen haben wir herausgehört, dass das Bewusstsein, sich mit seinen eigenen Bedürfnissen auseinanderzusetzen, immer mehr an Bedeutung gewinnt. Und dass „Frau" sich auch gerne mit entsprechendem Sex-Equipment ausstattet, das ihr – allein oder zu zweit – ein genüssliches Erlebnis bereitet. LOVE YOURSELF lautet nicht nur der Titel unseres Buches, sondern ist auch unser Appell an dich. Befreie dich von allen Lasten, die du zum Thema Selbstliebe und deinem Körper mit auf den Weg bekommen hast.

Das Selbstexperiment: Können wir wieder mehr Paar im turbulenten Familienalltag sein?

Oft sind wir ja mehr Eltern als Paar – klar! Aber wie können wir uns als Liebende in den Familienalltag zurückholen? Und zwar dann, wenn wir das Gefühl haben, dass die Momente des Innehaltens in einer zärtlichen elterlichen Umarmung sofort wieder durch ein *Maaama!* oder *Paaapa!* unterbrochen werden. Bloggerin, Buchautorin und Dreifachmama Laura Fröhlich (Instagram: @heuteistmusiklaura) hat mit ihrem Mann einen Monat lang versucht, das Verliebtsein in den Familienalltag verstärkt zurückzuholen. Wie das funktioniert hat – das erzählt sie dir jetzt.

Buchautorin und Bloggerin Laura Fröhlich macht mit ihrem Mann den vierwöchigen Test.

Zu wenig Zeit

Bei drei Kindern, zwei Jobs und einer Menge Haushalts- und Organisationsarbeit kommen zwei Dinge für uns Eltern zu kurz: Zeit für uns selbst und für uns als Paar. Dabei ist doch gerade die Beziehung zueinander das Fundament unserer Familie. Ist zwischen Anton und mir die Stimmung schlecht, spüren das auch die Kinder. Sie tun das nicht immer bewusst, aber sie haben sehr sensible Antennen dafür, wenn wir gerade keine Traumpaar-Performance abliefern. Zugegeben, das tun wir sowieso selten, und eigentlich auch nur dann, wenn wir mal zu zweit sind, uns genügend Aufmerksamkeit schenken und etwas miteinander unternehmen. Leider sind diese Momente rar. Unser ältestes Kind ist neun Jahre alt, das jüngste vier, und darum brauchen wir jedes Mal mindestens einen Babysitter. Die Großeltern stellen sich zwar gerne und oft zur Verfügung, aber mehr als zwei Enkel auf einmal sind ihnen zu viel, denn zu dritt wird viel gezankt. Also bedeutet es eine Menge Organisation, einen Abend auswärts essen zu gehen oder sogar mal ein Wochenende miteinander zu verbringen, dementsprechend kommt es selten vor. Aber eines haben wir in den letzten Jahren mit unseren Kindern gemerkt: Eine Beziehung aufrechtzuerhalten bedeutet auch Arbeit, Aufwand und Kreativität. Meist ist es ja bequemer, einfach abends auf dem Sofa rumzuhängen und in das Smartphone zu schauen. Auch am Wochenende ist jeder von uns froh, einmal keine Termine wahrnehmen zu müssen. Und ich gebe es zu: nach 14 Jahren Beziehung bin ich auch nicht mehr kreativ, was Geschenke und kleine Aufmerksamkeiten angeht. Haben wir uns früher kleine Briefe zugesteckt und zwei Wochen lang das perfekte Geburtstagsgeschenk recherchiert, muss heute eine Flasche Champagner und ein Zitronenkuchen reichen. Liebesbriefchen gibt es längst nicht mehr, eher grußlose Botschaften per WhatsApp. Es heißt dann eher *Denkst du an den Spielzeugtag im Kindergarten?* oder *Klopapier ist alle!* statt *Ich liebe dich.*

Das Experiment

Kann man daran etwas ändern? Anton und ich haben einen Versuch gestartet und vier Wochen lang Aufmerksamkeiten verschenkt, Dates organisiert und uns bewusst füreinander Zeit genommen. Die Regeln waren: einmal die Woche reden, und zwar nicht über Themen wie Kinder, Küche und Kalender. Dazu mehrmals die Woche kleine Aufmerksamkeiten verschenken, sich jeden Tag bewusst einmal in den Arm nehmen und KÜSSEN! Denn obwohl das so viel Spaß macht, tun wir das viel zu selten. Gekrönt wurden die vier Wochen von einem gemeinsamen Wochenende in Konstanz, wo wir uns während unseres Studiums kennengelernt haben. Die Fragen lauteten: Was hat das mit uns gemacht? Ändert das etwas oder können wir uns den Aufwand sparen?

Jede Woche ein Date – ab Woche 1

Zunächst einmal haben wir uns bewusst verabredet. Weil das Wetter schön war, hatten wir Glück, und konnten auf der Terrasse sitzen. Die Kinder waren im Bett, die Smartphones blieben auf der Ladestation und mit einem Glas Weißwein fühlte es sich fast ein bisschen wie Ausgehen an. Obwohl wir ein paar organisatorische Dinge hätten klären sollen oder wir doch unweigerlich immer mal wieder auf die Kinder zu sprechen kommen, wenn wir uns gegenübersitzen, haben wir uns auf etwas anderes konzentriert. Wir redeten über alte Zeiten, als wir am Bodensee lebten und den ganzen Sommer über abends am Rhein gepicknickt haben. Anton ist kein Typ, der ständig von Vergangenem redet, aber ich brauche das. Auch wenn unsere Kinder unser Ein und Alles sind, so denke ich oft an die Zeit zurück, als ich Anton mit niemandem teilen musste und ich seine volle Aufmerksamkeit bekam. Oder an die ersten Wochen, als wir uns kennengelernt hatten. Diese Schmetterlinge im Bauch und die Aufgeregtheit, wenn wir uns in unseren Studentenwohnheimen besuchten – unbeschreiblich war das! Jedenfalls schwelgten wir den ersten Abend auf der Terrasse in Erinnerungen und holten sogar ein paar alte Bilder hervor.

Woche 2

Eine Woche später hatten wir am selben Wochentag das Glück, dass unser großer Sohn bei seinem Freund übernachtete und die beiden Kleinen bei meinen Eltern waren. Wir fuhren mit dem Fahrrad in die Stadt und haben in einem feinen Restaurant zu Abend gegessen, mit Sekt, Vorspeise, edlem Hauptgang und Espresso zum Nachtisch. Kein Glas fiel um, kein Kind meckerte am Essen herum, keiner musste aufstehen, um Butter, Salz oder Gummibären zu holen und wir konnten uns in Ruhe unterhalten. Ich habe das Gefühl, das war die beste finanzielle Investition, die wir für unsere Familie machen konnten, und am liebsten würde ich das von nun an jeden Monat einmal machen. Müssten nur wieder die Babysitter mitspielen! Und weil das wie gesagt schwierig ist, saßen wir in den anderen beiden Wochen wieder auf unserer Terrasse. Wir redeten über Bücher, die wir gelesen hatten, und Anton erzählte mir von ein paar spannenden Reportagen. Wir sponnen Urlaubspläne und sinnierten über unsere berufliche Zukunft. Jedenfalls waren diese vier Abende so schön, dass es sich mehr als gelohnt hat, dem ersten Bedürfnis nicht nachzugeben, und sich einfach nur aufs Sofa zu lümmeln.

„Ich denk an dich!" oder Woche 3

Unser zweites Vorhaben war es, ein paar Aufmerksamkeiten zu verteilen. Es fühlt sich zwar erst einmal künstlich an, sich absichtlich etwas auszudenken, aber es hat auch Spaß gemacht. Ich startete mit einer wirklich liebevollen Botschaft übers Handy, ohne To-dos hinzuzufügen. Im Supermarkt kaufte ich Antons Lieblingsschokolade, setzte sein Lieblingsessen auf den Speiseplan, schrieb immer mal wieder Nachrichten auf Klebezettel und schickte ihm Links zu Reportagen und Texte, bei denen ich vermutete, dass sie ihn interessieren. Auch ich wartete gespannt auf kleine Überraschungen, und freute mich über morgendlichen Kaffee am Bett, eine von Anton erstellte Jogging-Playlist, jeden Tag eine liebe Botschaft auf meinem Handy und eine Packung Lieblingskekse in meiner Handtasche.

Woche 4

Am Ende der vier Wochen kam das, worauf wir uns ein Jahr lang gefreut hatten. Ein ganzes Wochenende nur für uns! Unsere Verwandten kümmerten sich um die Kinder, und wir reisten freitags mit dem Auto an den Bodensee. Wenn Eltern auf einmal Zeit haben, können sie ihr Glück kaum fassen. So ging es uns auch und wir überlegten auf der Fahrt erst einmal, was wir unbedingt tun wollen. Ausschlafen, in Ruhe frühstücken, reden, Kaffee trinken, spazieren, die alten Lieblingsorte besuchen, an der Uni vorbeischauen, einen Mittagsschlaf machen, shoppen gehen – die Ideen waren zahlreich. Jedenfalls haben wir die Zeit so genossen und gemerkt, dass es wieder fast so sein kann wie früher. Fällt der Alltagsstress weg, haben wir keine Termine und dafür ganz viel Zeit, ist wieder diese tiefe Verbundenheit da. Dann erleben wir uns als die Personen, die wir eigentlich sind und die wir lieben.

Fazit

Manchmal frisst uns der Alltag auf, und wir vergessen dabei, dass unsere Familie auf dieser Beziehung beruht. Das gilt es in Erinnerung zu rufen und das funktioniert nicht ohne Aufwand, wie wir gemerkt haben, aber es lohnt sich. Sicherlich werden wir nicht jede Woche so viel Zeit füreinander finden wie während des Experiments. Aber es wird uns in Erinnerung bleiben, und wir werden es sicherlich wiederholen, denn eines hat es bewiesen: Wir haben danach anders auf uns geschaut und haben das dicke Band gespürt, das uns verbindet, und es hoffentlich für immer tun wird.

DEIN UMFELD UND DU

Dein Umfeld prägt dich, dein Umfeld trägt dich. Dein Umfeld sollte so etwas wie dein Dorf sein, auf das du dich verlassen kannst, wenn du Hilfe brauchst, du traurig bist, du Rat suchst oder einfach mal loslassen und herzlich lachen willst. Dein Umfeld darf dich glücklich machen – es sollte aus Menschen bestehen, denen du blind vertrauen kannst. Es darf dein verlängerter Arm als Retter in der Not sein, vor allem dann, wenn deine Familie entweder weit weg wohnt oder du dich aus anderen Gründen nicht auf sie verlassen kannst.

Die gute Nachricht ist: Du kannst dein Umfeld – nennen wir es Familiennetzwerk – gestalten. Du kannst entscheiden, mit wem du deine Freizeit verbringst oder wem du dein Kind anvertrauen möchtest. Du darfst auch loslassen, wenn du feststellst, dass du gewisse Menschen nicht mehr um dich herum haben möchtest oder du merkst, dass jemand deiner Familie gar nicht guttut – am Ende bist du die Gestalterin deines Lebens. Und dazu bestimmst du ja auch euer Familienleben maßgeblich mit.

 ## Vier erste Schritte zu einem gesunden Umfeld

In diesem Kapitel möchten wir dir dabei helfen, einen ehrlichen Blick auf dein Umfeld zu werfen und dir Tipps an die Hand geben, wie du neue Kontakte knüpfst und dir ein eigenes Dorf baust, wie du dir ein

gesundes Netzwerk erschaffst oder wie du erkennen kannst, ob dir
jemand guttut oder nicht. Dazu erklären wir dir, warum dein Umfeld
deine Gesundheit beeinflusst und helfen dir dabei, Kritik richtig anzubringen. Jetzt verraten wir dir in vier Schritten, wie du dir ein gesundes Umfeld schaffen kannst.

Schritt 1: Definiere dein Umfeld mit Stift und Zettel

Nimm dir einen Stift und einen Zettel zur Hand, setze dich hin und
beantworte folgende Frage, ohne groß nachzudenken: Wer gehört
alles zu deinem Umfeld? Wer fällt dir ein? Denke bitte nicht so groß
nach, sondern schreibe einfach alle Namen herunter, die dir in den
Sinn kommen. Namen von Menschen, die dich im Alltag umgeben.
Bitte nicht nur die Leute, die du regelmäßig triffst, sondern auch die,
die du seltener siehst, aber vielleicht noch von früher kennst und mit
denen du auf anderen Wegen kommunizierst – zum Beispiel per Telefon, WhatsApp, Social Media oder E-Mail.

Schritt 2: Wirf einen ehrlichen Blick auf deine Namensliste

Wenn du fertig bist, atme einmal durch und wirf einen ehrlichen Blick
auf deine Liste. Was fühlst du, wenn du einen ungefilterten Blick auf
deine Liste wirfst? Hast du ein warmes Gefühl in deinem Bauch, wenn
du all die Namen liest? Sind das alles Menschen, die dir wirklich guttun? Geben sie dir ein gutes Gefühl oder bringen sie dich weiter? Sind
sie auch da, wenn du Probleme hast oder in Not bist? Hören sie dir
zu, wenn du Sorgen hast? Warum hast du Kontakt zu den Menschen?
Oder schleicht sich hier und da vielleicht ein Grummeln in deiner
Magengegend ein, wenn du an die eine oder den anderen denkst?
Vielleicht, weil du regelmäßigen Kontakt seit Jugendtagen hast, aber
seit Längerem festgestellt hast, dass eure Beziehung doch ein wenig
oberflächlich geworden ist und du für die wöchentlichen Telefonate
weder Kraft noch Zeit hast.

Vielleicht ist auch eine Mutter dabei, die du noch aus dem Baby-schwimmkurs kennst und an der du festgehalten hast – schließlich hatten deine Freundinnen noch keine Kinder, und es war doch damals ganz nett, mit ihr Kaffee zu trinken. Nur heute hast du neue Mütter um dich herum, mit denen du viel mehr auf einer Welle schwimmst, und sie hängt immer noch so an dir. Und du traust dich nicht so rich-tig, sie loszulassen, weil du Sorge hast, ihr wehzutun. Uff – das kann stressen, wenn vielleicht auch erst mal nur unterbewusst. Daher raten wir dir: Lasse jetzt einmal alle Gefühle – positive wie negative – zu und notiere sie gleich neben den jeweiligen Namen der Person.

MUTMACHER – DU KANNST DIR DEIN UMFELD GESTALTEN

Möglicherweise schaust du auf deine Liste und wirst nachdenklich, vielleicht sogar ein wenig traurig, weil du das Gefühl hast, relativ alleine in deinem Familienalltag dazustehen. Atme einmal durch und lasse dir bitte gesagt sein: In jedem Alter haben wir die Chance, neue Menschen kennenzulernen und tolle neue Bekanntschaften oder Freundschaften zu schließen. Bitte verzage nicht – ein bisschen Mut, Kreativität und Offenheit können dir jetzt weiterhelfen. Falls du dich in dieser Sekunde einsam fühlst, dann bitten wir dich, dieses Gefühl anzunehmen und dir genau jetzt vorzunehmen, neue Menschen in dein Umfeld zu ziehen. Wage den Schritt – am Ende kannst nur gewinnen. Wie und wo du neue Personen kennenlernen und für dich gewinnen kannst, das verraten wir dir noch in diesem Kapitel.

Vielleicht freust du dich jetzt, weil du genau DIE Menschen in dein Leben gezogen hast, die du dir immer gewünscht hast. Dann sagen wir: Herzlichen Glückwunsch, wie wunderbar! Möglicherweise schaust du deine Liste aber auch mit gemischten Gefühlen an und hast das Gefühl, dass 50 Prozent der Leute nicht so gut zu dir passen. Deshalb raten wir dir nun genau bei diesen Menschen zu Schritt 3.

Schritt 3: Beobachte dich und dein Umfeld

Wir bitten dich, genau diese Menschen, die nicht so gut zu dir passen, – nennen wir sie Wackelkandidaten – in deinem Alltag ganz genau zu beobachten und einfach mal in dich hineinzuhorchen, wenn du mit ihr oder ihm zusammen bist: Wie fühlst du dich in der Nähe dieses Menschen? Fühlst du dich eigentlich wohl, ist es nur ganz okay oder hältst du es – überspitzt gesagt – einfach nur aus?

Wie geht es dir danach: Hast du Kraft und Energie gewonnen, weil ihr gute Gespräche geführt habt oder gelacht habt? Oder bist du gefühlt leer, weil es sich wieder einmal nur um dein Gegenüber gedreht hat, du kaum zu Wort gekommen bist oder weil ihr vielleicht gar keine Themen hattet und es nur um die Kinder ging. Bitte verstehe uns nicht falsch, auch gemeinsames Schweigen kann guttun, genauso stundenlange Gespräche über eure Kinder – nur eben dann nicht, wenn du das Bedürfnis hast, zwar zu reden – nur eben mal nicht über die Kinder. Ein Gespräch sollte immer ausgewogen und ein Geben und Nehmen sein. Nicht nur, was die Gesprächsinhalte angeht, sondern auch in Sachen gegenseitige Wertschätzung und Interesse. Beziehungen sollten auf Augenhöhe stattfinden, das gilt nicht nur für die eigene Partnerschaft, sondern auch für Freundschaften und Bekanntschaften. Auch in Gruppen – niemand sollte bei mehreren Gesprächspartner*innen ausgeschlossen werden oder sich total unwohl fühlen.

 UNTERGRABE DICH NICHT!

Genauso sollte nicht Kritik einseitig in die eine Richtung fließen, sondern immer respektvoll formuliert und wohldosiert sein. Wenn dich inzwischen das Gefühl beschleicht, dass du ständig kritisiert wirst, dein*e Freund*in eigentlich mehr Interesse an sich selbst als an dir hat und du – wir überspitzen bewusst – zum Mülleimer für seine*ihre Gedanken geworden bist, dann darfst du diese Beziehung noch einmal ganz genau beobachten, kritisch hinterfragen und dir in Ruhe überlegen, wie du damit umgehen möchtest.

Vielleicht ist dir dieser Mensch trotz allem wichtig und du möchtest nicht auf ihn verzichten – du weißt, dass du ihn nicht ändern kannst, möchtest aber dennoch mehr Eigenanteil in den Gesprächen haben. Wir raten dir: Wenn das Gespräch mal wieder einseitig zu kippen droht, dann nimm das Zepter in die Hand und sage zum Beispiel *Du, jetzt möchte ich dir etwas erzählen.* – Das kannst du ganz mild, ohne Vorwurf formulieren. Wichtig ist immer, dass du dich in keiner Beziehung untergräbst, sondern auch deinen Bedürfnissen Beachtung geschenkt wird. Und wenn du nun merkst, dass dich diese Freundschaft nicht weiterbringt, dann ist es völlig okay, wenn du innerlich anfängst, dich zu verabschieden. Das Gleiche gilt für Bekannte, die sich wichtiger nehmen als dich oder Personen, die einen anderen Fokus haben als du und dadurch deine Zeit binden, anstatt dich weiterzubringen.

Schritt 4: Sortiere dein Umfeld liebevoll neu

Verabschieden heißt übrigens nicht, dass du diese(n) Menschen jetzt sofort mit einem innerlichen Popotritt aus deinem Leben schießen und seinen Namen direkt von deiner Liste streichen sollst. Klar, das kannst du machen, aber es ist auch sehr radikal. Du darfst dich auch sanft zurückziehen – vor allem dann, wenn diese Person dir im Grunde deines Herzens viel bedeutet. Unser Rat: Verbringe erst einmal weniger Zeit mit den Menschen, die dir grad aktuell weniger guttun und schaue, wie es dir damit geht und was es mit eurer Beziehung macht. Frei nach dem Motto: *So wenig wie möglich, so viel wie nötig.* Vielleicht bringt eine kleine Pause frischen Wind in eure Freundschaft oder die Erkenntnis, dass langfristiges Loslassen deine Option ist. Hast du nun mehr Luft, mehr Kraft? Super! Und wende dich doch in dieser neu gewonnenen Zeit z. B. denjenigen zu, die sich für dich interessieren, die dir Kraft schenken, dich motivieren und sinnvoll Zeit mit dir (in deinem Interesse) verbringen: Vielleicht macht ihr zusammen Sport, trinkt Kaffee, während eure Kids im Garten spielen, oder geht abends zusammen spazieren und erzählt euch schöne Geschichten. Ändere deinen Fokus – dein Umfeld muss nicht zwangsläufig aus deinen „alten" Freund*innen bestehen. Vielleicht hast du viele neue Menschen im Laufe deines Mamaseins kennengelernt, die dich auf Händen tragen – das ist toll. Verbringe doch einfach mehr Zeit mit ihnen und genieße sie in vollen Zügen.

Und vielleicht hilft dir ja auch folgender Gedanke: Wir alle durchlaufen so viele verschiedene Lebensabschnitte. Wir wurden so oft neu zusammengemischt: in unserer Schul- oder Ausbildungszeit, nach Umzügen, Jobwechseln oder auch direkt nach der Geburt. Wir wurden reinkatapultiert in ein neues Leben mit einer neuen großen Verantwortung. Hast du auch nach der Geburt Gespräche mit anderen Müttern geführt, die manchmal so intim waren, dass du dich selbst gefragt hast, warum du dieser fremden Frau das alles anvertraust? Wahrscheinlich, weil die Energie zwischen euch gestimmt hat, es dir guttat, einfach mal zu sprechen. Das Mamasein verbindet und bietet immer wieder Chancen, neue Freundschaften zu schließen. Liebevoll loslassen und Raum schaffen, um ein neues Umfeld zu gestalten – bist du bereit?

 WENN JEMAND ZU SEHR KLAMMERT

Vielleicht versuchst du schon länger, dich von einem Menschen zu trennen. Du meldest dich weniger, doch es tritt nicht der gewünschte Effekt ein. Stattdessen klammert diese*r Freund*in oder diese*r Bekannte plötzlich an dir, meldet sich extrem häufig, macht dir vielleicht sogar Vorwürfe. Wir raten dir: Nimm die Situation an, und wenn es sich für dich gut anfühlt, dann fasse deine Gedanken – ohne große Vorwürfe – in Worte. Sage, dass du grad Abstand brauchst, bitte um deinen Raum und erkläre auch, warum. Vielleicht suchst du auch das direkte Gespräch mit der Person.

Wichtig ist, dass keine Wut im Raum stehen bleibt – das ist für beide Seiten nicht schön. Bleibe bei dir, sei klar und deutlich. Und wenn eine Grenze bei dir durch zu vieles Melden überschritten wurde, dann formuliere auch das. Wenn es aus irgendwelchen Gründen zu weit geht, dann informiere dich, was du in deinem konkreten Fall tun kannst. Der WEISSE RING hilft z. B. weiter: www.weisser-ring.de. Wenn du dich bedroht oder gestalkt fühlen solltest, dann rufe in akuten Situationen bitte die Polizei unter 110 oder gehe zur nächsten Polizeistation.

Professionell netzwerken – so geht's!

Liebe Mamas, verbündet euch! Das hört sich im Grunde eigentlich total einfach an. Wenn, ja, wenn es nicht so verdammt schwer wäre. Klar, es ist total wichtig, ein Netzwerk zu haben, auf das man zurückgreifen kann, wenn es mal wieder brennt. Ein Netzwerk, das stabil ist und in Notsituationen reibungslos funktioniert. Doch dieses muss erst einmal aufgebaut werden. Viel mehr noch: Es müssen erst einmal die richtigen Personen gefunden werden, die Bestandteil davon sein sollten! Und allein bei dem Gedanken wird dir vielleicht schon ganz mulmig in deiner Magengegend. Du gehst die Mütter und Väter der Kitagruppe deiner jüngsten Tochter durch. Als Erstes fällt dir Sabrina ein. Das ist die, deren Tochter immer diese aufwendigen Flechtfrisuren trägt. Sowohl Mutter als auch Tochter sehen jeden Morgen immer total akkurat aus, wie aus dem Ei gepellt, während du dich eher zerknittert und nach dem morgendlichen Chaos zu Hause wie durch die Mangel gedreht fühlst. Neulich hast du zufällig mal die Brotdose des Mädchens gesehen. Selbst die Apfelschnitze darin waren ordentlich aufgereiht. Du stellst dir vor deinem inneren Auge vor, wie du Sabrina völlig verzweifelt aus dem Büro anrufst, haareraufend, weil du es nicht pünktlich in die Kita schaffst, und sie bittest, deine Tochter mit nach Hause zu nehmen. Nee, eigentlich kannst du dir das gar nicht vorstellen! Viel eher würdest du vor Scham im Boden versinken! Nicht nur, dass ihr jeden Morgen gefühlt wie Familie Flodder in der Kita aufkreuzt, die Brotdose eher einem kunterbunten Mix aus verschiedenen Überbleibseln aus dem Kühlschrank gleicht (Das mag deine Tochter aber eben genau so, alles andere ist immer unversehrt wieder mit nach Hause gewandert!), sondern nun auch noch, dass du es nicht einmal schaffst, Job und Kinder „ordentlich" unter einen Hut zu kriegen.

Diese Schmach möchtest du dir lieber ersparen und entscheidest sofort, dass Sabrina besser nicht in dein Kita-Netzwerk aufgenommen werden sollte. Du wanderst gedanklich weiter und checkst die anderen Eltern: Peter, der verpeilte Vater von Ben. Puh, nee, der kommt ja auch immer so abgehetzt in der Kita an. Veronika, die Ökomutter. Hmm, die würde dann sehen, dass ihr leider gar nicht so öko seid, obwohl du dir echt Mühe gibst. Helena, die Alleinerziehende. Nee, die sieht immer so traurig aus, der willst du nicht noch mehr aufbürden. Und so gehst du alle nacheinander durch und erkennst ernüchtert: Da ist anscheinend keiner für dein Netzwerk.

STOPP! Genau hier liegt der Hase im Pfeffer! Viel zu oft stellen wir nicht nur wahnsinnig hohe Ansprüche an uns selbst, nein, sondern auch an alle anderen. Wir bewerten, sortieren Menschen fein säuberlich in Schubladen und schießen uns, besonders, was das Thema „Netzwerk" betrifft, ganz schnell selbst ins Aus. Letztendlich bleiben wir nämlich „unvernetzt" – und das ist ganz schön bescheuert.

EIN GUTES NETZWERK IST BUNT

Ein gutes Netzwerk gehört aufgebaut, die einzelnen Bestandteile auf unterschiedliche Art und Weise miteinander verwoben. Nur so kann es stabil sein. Und außerdem: Ein Netzwerk muss (und darf wahrscheinlich auch) nicht nur aus gleichen Bauteilen bestehen. Je vielfältiger die Einzelteile sind und je verschiedener die Anknüpfungspunkte sind, desto vielschichtiger ist es.

Als Beispiel: Stell dir mal vor, dein Kita-Netzwerk würde nur aus den Müttern und Vätern bestehen, die genauso wären wie du. Die, die gleichen Arbeitszeiten hätten, die gleichen Freizeitaktivitäten und sich auch sonst kaum von dir unterscheiden würden. Na? Das wäre erstens total langweilig und zweitens könntet ihr euch alle überhaupt gar nicht gut ergänzen!

Lege Vorurteile ab!

Nicht nur deine Kinder dürfen sich während ihrer Kindergarten- und Schulzeit sozial weiterentwickeln, sondern auch du als Mama. Deshalb ist es wichtig, damit aufzuhören, andere Eltern zu bewerten. Klar, es ist ganz normal, dass du dir schnell ein erstes Bild über sie machst, egal, ob über Sabrina, Ben, Veronika oder Helena. Letztendlich sitzen sie aber alle mit dir in einem Boot. Sie sind Eltern und geben ihr Bestes, ihren Familienalltag zu rocken – genauso wie du. Jede*r hat hier seinen*ihren Rhythmus gefunden (oder ist noch auf der Suche), jede*r macht es ein wenig anders. Das macht Eltern und Familien bunt und genauso soll es sein!

Setze ein Netzwerk nicht mit Freundschaften gleich!

Lass uns nochmal zu unseren Beispieleltern gehen: Ein Netzwerk mit ihnen aufzubauen, ist nicht gleichzusetzen mit einer Freundschaft, die euch ab sofort und bis in alle Ewigkeit verbinden soll. Es reicht

völlig, dass ihr euch aufeinander verlassen könnt, ihr euch gegenseitig vertraut und eure Kinder miteinander klarkommen. Ben wird vielleicht weniger abgehetzt, wenn ihr besprecht, dass jeweils an einem
Nachmittag beide Kinder von einem Elternteil abgeholt werden. Dann
kann er an einem Tag länger arbeiten, du an einem anderen. Das Gleiche gilt für Sabrina: Deine Tochter muss nun nicht wie ihre ab sofort
mit einer ähnlich akkurat geflochtenen Frisur in der Kita aufkreu-
zen, haben Sabrina und du aber eure Handynummern ausgetauscht,
könnt ihr euch, wenn es mal wieder knapp wird, trotzdem gegenseitig
unter die Arme greifen. Hat sie keine Probleme damit, pünktlich zu
den Abholzeiten da zu sein (vielleicht hat sie andere Arbeitszeiten als
du oder was auch immer), kannst du ihr anbieten, ihre Tochter freitags, wenn es bei dir vielleicht entspannter ist, nach der Kita mit zum
Eisessen zu nehmen. Wichtig bei einem Netzwerk ist: Jeder gibt, was
er kann, und es muss nicht immer genau das Gleiche sein!

Sei ehrlich!

Du machst es anderen Eltern deutlich einfacher, sich zu öffnen, wenn
du einfach nur du bist. Sei ehrlich, sei authentisch, versuche nicht,
eine Fassade zu erhalten und den Anschein zu erwecken, dass du
alles immer im Griff hast und dass alles immer rund läuft. Das ist
bei keinem so, das soll so nicht sein, und außerdem ist es wahnsinnig anstrengend, immer so zu tun als ob. Natürlich gibt es die Eltern,
die der festen Überzeugung sind, ihre Kinder hätten eigentlich schon
den Nobelpreis verdient und die regelrecht bestürzt darüber sind,
dass seitens der Schule immer noch nicht die Hochbegabung ihres
Sprösslings erkannt wurde. Sei's drum. Du musst dich nicht mit ihnen
messen, geschweige denn mit ihnen in Konkurrenz gehen. Viel mehr
Eltern werden froh sein, wenn du ganz offen sagst, dass die Nacht
schlecht war und deine Nerven blank liegen, weil dich das Getrödel
am Morgen fertig macht. Ehrlichkeit zieht Ehrlichkeit nach sich, und
nur so kann es zu echter gegenseitiger Unterstützung kommen.

Nutze dein Netzwerk nicht nur, wenn es brennt!

Ein fester Tag in der Woche oder im Monat mit der Oma, der Paten-
tante oder mit einer anderen bekannten (und vertrauten) Person ist
für die meisten Kinder ein großes Geschenk. In dieser für dich freien
Zeit kannst du dann all das tun, was für dich wichtig ist – ganz ohne
schlechtes Gewissen. Du kannst all die Dinge erledigen, bei denen du
mal kein Kind dabeihaben möchtest. Du kannst auch, wenn du mehrere Kinder hast, diese Zeit einem Kind ganz exklusiv schenken. Du
kannst aber auch einfach zum Sport, zum Wellness oder zu einem
Treffen mit Freund*innen gehen. Wichtig ist, dass du den Gedanken
ablegst, ein Netzwerk sollte nur dann genutzt werden, wenn du selbst
etwas nicht schaffst und einen Ersatz brauchst. Dem ist nämlich nicht
so! Ein Netzwerk, das aus vielen verschiedenen Bestandteilen besteht,
ist auch dafür da, dass du regelmäßig in dich investieren und so deine
Batterien immer wieder und regelmäßig auffüllen kannst. Und das
ist das Beste, was du für deine Familie (und natürlich für dich!) tun
kannst.

 # Fünf Tipps für ein gesundes Netzwerk

Vielleicht brauchst du noch ein bisschen Starthilfe, um dir dein gesundes Netzwerk aufzubauen oder dich tatsächlich von Menschen zu
trennen. Hier kommen nun fünf gute Tipps für dich, die dir im Alltag
dabei helfen sollen, neue Menschen kennenzulernen, um Hilfe zu bitten oder auch Kritik anzubringen.

SCHLUSS MIT NERVENSÄGEN – DAS THEMA IM MAGAZIN

 Wir haben das Thema Energievampire übrigens auf MutterKutter behandelt und verschiedene Typen ausgemacht. Du findest den Artikel darüber unter dem Stichwort „Energievampire".
(https://mutterkutter.de/energievampire/)

Tipp 1: Energievampire erkennen und loslassen

Kennst du diese Kopfschmerzen, die plötzlich einsetzen, wenn du mit bestimmten Menschen zusammen bist? Menschen, die z. B. extrem laut sind oder dich ständig mit ihren ureigenen Problemen zuschwallern? *Puh!* Oder diese Übelkeit, die dich plötzlich erfasst, wenn du daran denkst, dass du morgen den Nachmittag mit der Mutter von – nennen wir sie – Lisa verbringen musst? In dieses Date bist du so reingeschliddert. Sie hat dich schon neun Mal nach einem gemeinsamen Kaffee gefragt, beim zehnten Mal hattest du keine Ausrede parat und hast Ja gesagt. Nun ärgerst du dich maßlos, weil du sie eigentlich gar nicht magst. Sie lästert über alles und jeden und ist immer so negativ. Du weißt jetzt schon, dass du dich danach aufs Sofa legen musst. Vielleicht ist es aber auch jemand aus der Verwandtschaft, der dich ständig auf die Palme bringt. Oder eine Nachbarin, die dich nicht kennt und trotzdem ständig urteilt. 20 Sekunden Telefonat und dein Herz pumpt wie nach einem 100-Meter-Sprint. Und nun? Der erste Schritt ist, die Menschen zu erkennen, die dir nicht guttun. Die dir so viel Energie ziehen, dass danach nichts mehr von deiner guten Energie übrig ist. Manchmal ist es auch die uralte Freundin, die anruft, ihr Seelenleid klagt, damit du mal wieder als Hobby-Psychologin einspringst. – Das Ende vom Lied nach einer Stunde Telefonat: Sie ist voll gut drauf und dir unendlich dankbar, du bist so müde und fertig danach, dass du um 20 Uhr schlafen gehst, obwohl du noch zum Sport wolltest. Doof!

MENSCHEN LOSLASSEN

Es ist okay, wenn du jemanden nicht mehr in deinem Leben haben möchtest. Und manchmal hilft tatsächlich nur: fern bleiben, nicht mehr anrufen und sich emotional trennen. Wenn du dich zum Beispiel regelmäßig zum Abendessen mit einer Gruppe von acht Müttern getroffen hast und danach festgestellt hast, dass dir nur zwei davon guttun, dann triff dich mit diesen beiden alleine. Du kannst ihnen ja auch ehrlich sagen, wie du dich fühlst. Wenn eine andere Mutter dich unbedingt treffen will und du herumeierst, weil du ihr nicht wehtun willst – mache dir klar, dass es dein Leben ist und es kostbar ist. Mache ihr dann wiederum unmissverständlich deutlich, dass eure Kinder zum Beispiel gerne miteinander spielen können, du aber kein Interesse an einer Freundschaft hast. Es klingt vielleicht erst einmal hart, aber im Notfall kannst du das auch ehrlich sagen: *Du, sei mir nicht böse, aber ich habe so wenig Zeit. Und die möchte ich nun einmal mit meiner Familie und meinen engen Freund*innen verbringen, die ich schon viel zu selten sehe.* Ja, das tut vielleicht erst einmal weh, aber die andere Mutter weiß, woran sie ist und du vergeudest keine Zeit. Und was ist mit der Nachbarin? Klare Kante und Kontakt – so weit es geht – meiden, das wäre unser Rat.

Vielleicht hilft dir ein Mantra, um einen Menschen loszulassen. Nimm dir einen Augenblick Zeit und stelle dir dafür vor, wie du dieser Person gegenüberstehst, das heißt: Hole sie dir quasi in dein Bewusstsein und stelle dich ihr gegenüber. Dann sage dir – entweder laut oder im Stillen: *Ich verzeihe mir, ich verzeihe XY. Ich lasse sie* ihn gehen in Liebe und bedanke mich für die perfekte Zeit.* Dieses Mantra kann dir helfen, um Gefühle wie Wut, Ärger, Ängste oder Sorgen, die du mit diesem Menschen verbindest, zu verabschieden und ihm dann auch weniger Raum zu geben. Vielleicht merkst auch du, wie sich deine Beziehung zu dieser Person mit Wiederholung des Mantras verändert.

Bestseller-Autorin und TV-Moderatorin Anna Funck erklärt,
wie sie sich ein gesundes Umfeld geschaffen hat.

„Ich umgebe mich einfach nur mit Menschen, die mir guttun."

Liebe Anna, wie definierst du Neid und Missgunst?

Ich finde Neid zeigt sich oft als Wolf im Schafspelz. Jemand macht eine Bemerkung, redet dich und dein Leben irgendwie indirekt madig, auch gerne bei Dritten, und das unter dem Deckmantel der Höflichkeit. Oder du bekommst miese Nachrichten oder Kommentare über Social Media. Ach, es gibt so viele Formen dieses miesen Gefühls, das ja so deutsch und irgendwo auch zutiefst menschlich ist.

Wie oft warst du in deinem Leben davon betroffen bzw. in welchen Situationen hast du schon Neid und Missgunst erlebt? Und wie gehst du damit um?

Mir fällt jetzt konkret keine Situation ein, aber oft schaue ich mir die Person sehr genau an, erkenne ihren wunden Punkt und entwickele dann meistens schnell Mitgefühl oder Mitleid. Ich selbst wandle Neid immer um in Bewunderung. Wenn jemand etwas besitzt, was ich nicht habe – das kann eine Eigenschaft, eine Erfahrung oder auch etwas Materielles sein – entschließe ich mich ganz aktiv, das einfach nur großartig zu finden und überlege eher, wie ich mir ein Beispiel nehmen oder an mir arbeiten kann. Das ist positiv und gesund und macht viel mehr Spaß.

Was macht für dich ein gesundes Umfeld bzw. Netzwerk aus? Und wie sieht deins heute aus?

Ich umgebe mich einfach nur mit Menschen, die mir guttun. Das ist ein sehr einfaches Rezept, aber es funktioniert für mich sehr gut. Für diese Menschen tue ich alles und die auch für mich. Wenn das nicht so ist, geht bei mir relativ schnell eine Tür zu und ich ziehe mich zurück. Aber auch das ist okay. Manche Menschen sind leider nur kurze Wegbegleiter.

Woran können wir denn erkennen, ob es andere Menschen gut mit uns meinen?

Oh, gute Frage. Eigentlich wie in jeder anderen Beziehung auch: Durch Taten. Ich stehe zwar als Schriftstellerin ziemlich auf Worte, aber die können auch einfach nur Deko sein. Taten sind alles.

Und wozu rätst du anderen Müttern, die wissen, dass ihnen jemand nicht guttut – zum Beispiel auch aus der Verwandtschaft? Wie können sie mit solche Menschen stressfrei umgehen?

Guck's dir eine Weile an, und wenn es unangenehm wird, das Gespräch suchen. Und dann auch sagen: Bis hierhin und keinen Schritt weiter, Freundchen. Das ist nicht leicht, aber es geht manchmal nicht anders. Muttersein bringt auch Pflichten mit sich und eine davon ist Selbstachtung und Selbstliebe, damit dein Kind genau dies von dir lernt. Und oft wandelt sich nach solchen Gesprächen alles. Was schon fast toxisch schien, kann auch manchmal noch richtig gut werden. Alles schon erlebt. Unbedingt testen und ganz offen in solche Unterhaltungen gehen!

Tipp 2: Sage, was dich stört

Vielleicht bist du der Typ, der gerne nett ist, nirgendwo anecken möchte und deshalb lieber schweigend Situationen hinnimmt, anstatt mal auf den Putz zu hauen. Wenn das so ist, ist das völlig okay – jede von uns ist anders, aber dennoch möchten wir dich in jedem Fall dazu ermutigen, dass du für dich oder deine Familie einstehst, wenn dich etwas stört. Denn auch mit Offenheit und Ehrlichkeit gestaltest du dein Umfeld und die einzelnen Beziehungen darin. Eine andere Mutter redet ständig über andere Mütter oder über die beste Freundin deiner Tochter? Dich stört das unendlich, aber um des lieben Friedens willen sagst du nichts?

Bitte sage ab jetzt in genau diesen Momenten: *Stopp, bitte höre auf. Ich finde das nicht gut, wenn du lästerst.* Du kannst auf Nachfrage erklären, warum. Ansonsten hilft oft schon ein erstes wörtliches STOPP! Dabei kannst du auch die Hand heben, um deinen Worten Ausdruck zu verleihen. Vielleicht hast du das Zeichen schon unlängst deinem Kind oder deinen Kindern beigebracht und ihnen gesagt, dass sie immer demonstrativ die Hand heben sollen, wenn jemand ihre Grenze überschreitet. Nun bist du dran – übe dein STOPP!

Oder kennst du das? Dass dir erst im Nachgang auffällt, dass dich jemand – vielleicht auch völlig unbeabsichtigt – beleidigt oder angegriffen hat? Sage es. Erkläre, was du denkst und wie du dich fühlst. Sei dabei trotzdem offen und höre dir die Gegenseite an. Trotz allem bitten wir dich, dich nicht kleinmachen zu lassen. Du bist die Gestalterin deines Umfeldes – und das heißt nicht immer, dass du gleich *Tschüss!* sagen musst, sondern dass du im ersten Schritt deine persönlichen Grenzen hochhalten darfst.

Tipp 3: So findest du neue Menschen auf Augenhöhe

Kennst du dieses innere Lächeln, wenn du einen Menschen getroffen hast, den du magst? Dieses wohlige Gefühl im Bauch, dass da jemand ist, der dich versteht und mit dem du gerne Zeit verbringst? Höre bei der Begegnung mit neuen Menschen auf dein Bauchgefühl – das empfinden wir als irre wichtig. Nicht nur bei direkten Treffen, auch in Telefonaten oder kurzen Chats kannst du zwischen den Zeilen meistens schon lesen, ob es passt oder nicht. Nur: Wie kannst du neue Menschen kennenlernen? Vor allem dann, wenn du neu in einer Stadt bist oder keine*r deiner alten Freund*innen bisher Kinder hat. Es gibt verschiedene Möglichkeiten, neue Bekannte und Freund*innen zu treffen – oder Mütter, die dein Umfeld toll ergänzen.

Spielplatz
Der Klassiker, um mit anderen Eltern ins Gespräch zu kommen, sind belebte Spielplätze. Beim Schaukeln, Buddeln oder Coffee-to-go kannst du ins Gespräch kommen.

Elternabend
Setze dich beim Elternabend in der Kita oder der Schule einfach neben die Eltern, die dir sympathisch erscheinen, oder versuche, mit ihnen ins Gespräch zu kommen.

Sport
Der Gang in die Umkleidekabine lohnt sich immer – entweder beim Kinderturnen oder bei deinem eigenen Sportkurs. Du kannst nette Menschen sowohl bei den sportlichen Aktivitäten deines Kindes – auch beim Warten während des Schwimmunterrichts – oder bei deinem eigenen Sport kennenlernen. Halte die Augen offen. Und wenn du das Augenmerk auf deinen Sport gelenkt hast, suche dir zum einen etwas, bei dem auch deine Altersgruppe vertreten ist und die Uhrzeiten, zu denen sie auch sicher da ist. Viele Mütter machen unserer Erfahrung nach abends Sport – z. B. Yoga oder Fitness – oder sie buchen sich am Wochenende in Kurse ein. Wenn du noch ein Baby hast, schaue doch mal, ob es einen Yogakurs für dich mit deinem Baby gibt.

Eltern-Kind-Kurse
Sie heißen Pekip, Pingu oder ganz einfach Eltern-Kind-Kurse. Es gibt sie für Babys und auch für Kleinkinder. Ein idealer Ort, um mit anderen Eltern ins Gespräch zu kommen – manchmal entstehen hier Freundschaften fürs Leben, eben weil ihr euch in einer so intensiven Zeit kennenlernt.

Eltern-Dating per App

Die App „famzy" macht es vor. Sie ist eine Art Dating-Plattform für Eltern. Ohne Liebe und Sex, sondern mit dem Ziel, neue Menschen kennenzulernen, z. B. andere Mütter, mit denen du auf den Spielplatz gehen oder einen Kaffee trinken kannst.

Social Media

Instagram oder Facebook können viel, wenn es darum geht, neue interessante Menschen kennenzulernen. Stöbere doch mal ein bisschen rum, schaue nach Profilen, die dich interessieren. – Verbinde dich mit ihnen und gehe in einen privaten Austausch. Wir MutterKutter-Macherinnen haben uns tatsächlich alle via Instagram kennengelernt – und sind bis heute nicht nur Kolleginnen, sondern auch Freundinnen. Solche Geschichten kennen wir auch aus Facebook-Gruppen. Schaue auch hier mal, was dich interessiert – von bedürfnisorientierter Elternschaft bis hin zu Sport für Mamas – im Grunde gibt es für jedes Interesse heute eine passende Gruppe.

Tipp 4: So sprichst du interessante Menschen an

Du weißt schon, welche Mama, Arbeits- oder Sportkollegin du irre nett findest? Du hast dich aber bisher noch nicht getraut, sie anzusprechen? Mehr als ein Lächeln war noch nicht drin, dann war sie schon wieder verschwunden oder in einem anderen Gespräch? Unser Rat: Traue dich und sprich sie doch einfach mal an. Wie wäre es, wenn du beim nächsten Mal mit einem Lächeln auf sie zugehst und dich einfach mal vorstellst. Damit hast du schon viel gewonnen. Schaue ihr in die Augen und sei einfach du. Das ist das Wichtigste, finden wir. Und vielleicht hast du ja noch ein Thema oder eine Frage für einen easy Gesprächseinstieg parat, z. B. bei einer anderen Mutter: *Bist du nicht die Mama von XY? Wohnt ihr auch hier? Weißt du zufällig, welches Kinderturnen gut sein soll?* Bei einer Arbeitskollegin: *Hast du Lust auf einen kurzen Kaffee? Möchtest du mit mir Mittagessen gehen? Wie sind deine Arbeitszeiten eigentlich genau?* Du kannst auch die Frau beim Sport fragen, woher sie ihre coolen Schuhe hat, seit wann sie hier dabei ist oder welchen Kurs sie dir noch empfehlen würde. Merkst du, worauf wir hinauswollen?

Uns geht es nicht darum, dass du sie mit Fragen zubombst, wir wollen dir nur klarmachen, dass das erste Gespräch, die erste Frage, nicht gleich ein philosophischer Diskurs sein muss. Vielmehr ist es ein Kontaktknüpfen, es kann auch ein lieb gemeinter Kommentar sein – z. B. nach dem Sport: *Das war gut heute, oder?* Taste dich ran und wenn du nicht weiterweißt, dann lächle. Es ist ja kein Liebesdate, das du klarmachen sollst – du knüpfst Kontakte. Und das ist so was Schönes. Du hast nichts zu verlieren, du kannst wirklich nur gewinnen.

Tipp 5: So lernst du, anderen Eltern zu vertrauen

Zu einem gesunden Umfeld gehören auch andere Eltern, denen du vertrauen kannst. Eltern, bei denen du auch mal dein Kind abgeben kannst, wenn du einen Termin hast oder aus anderen Gründen einen Freiraum brauchst. Vielleicht fällt es dir erst einmal schwer, dein Kind überhaupt in fremde Hände abzugeben. Und diese Gefühle sind doch auch völlig okay, grad wenn dein Kind noch sehr klein ist – schließlich gibst du dein wertvollstes Hab und Gut ab.

Welche Eltern magst du? Welche Kinder magst du? Bei wem könnte es deinem Kind so richtig gut gehen – wer ist liebevoll? Wenn du da jemanden im Auge hast, dann raten wir dir dazu: Lerne, zu vertrauen. Wie? Mit einem kleinen Drei-Stufen-Plan: Du verstehst dich mit den Eltern so gut, dass du auch einen Kaffee trinken kannst? Wunderbar!

Stufe 1

Triff dich ein paar Mal nachmittags zum Spieledate. Führe Gespräche mit den anderen Eltern, lerne sie kennen. Wie leben sie? Was machen sie? Wie sehen ihre Werte aus? Erzähle von dir – und schafft so gemeinsam eine Vertrauensbasis. Wie läuft es bei eurem Spiel- und

Kaffeedate? Vertragen sich die Kinder? Wie verhalten sich die Eltern deinem Kind gegenüber? Wie verhält sich dein Kind? Geht es ihm gut?

Ist alles in Butter und du hast ein gutes Gefühl? – Dann kannst du einen Schritt weitergehen.

Stufe 2

Gehe doch mal kurz einkaufen, während dein Kind bei den anderen Eltern ist. Und, wie war es danach? Hat es deinem Kind gefallen? Wenn ja: Das ist doch toll! Je nach Alter kannst du deinem Kind ja auch im Nachgang verschiedene Fragen stellen, z. B. *Wie war es? Was hat dir heute Spaß gemacht? Gab es irgendetwas, das du doof fandst? Wie war es für dich, dass ich weg war?* Wenn das gut läuft, dann kannst du dein Kind doch auch mal länger dalassen.

Stufe 3

Wie wäre es, wenn du dein Kind hinbringst und nach zwei Stunden wiederkommst? Wenn du so weit bist bzw. ihr so weit seid, mache es. Genieße dein gesundes Umfeld – wage den Sprung ins Vertrauen. Und im Gegenzug nimmst du dann das andere Kind regelmäßig bei dir auf! Und schon bist du am Netzwerken! Habe viel Spaß dabei und mit deinem gewonnenen Freiraum!

Daran erkennst du Freund*innen fürs Leben

Freund*innen sind wichtig, sie können uns durchs Leben tragen, sodass es wie beim Akt der Eheschließung heißen kann: *In guten wie in schlechten Zeiten.* Freundschaften müssen vieles ertragen: Kritik, Zeitmangel, Freude, Tränen … Funkstille! Vielleicht bist du gerade an einem Punkt, wo du dir selbst genug bist. Du merkst, dass du keine Kraft und Zeit hast, dich am Abend noch ans Telefon zu setzen, um den Tag mit einer Freundin auszuwerten. Manchmal scheinen unsere

Worte am Ende des Tages „aufgebraucht" zu sein, sodass wir die Stille und Ruhe brauchen, um unsere Speicher wieder aufzufüllen und unseren Weg für uns alleine zu finden. Freundschaften werden das aushalten, ohne dass einen ein schlechtes Gewissen beschleichen muss. Es ist ein langer roter Faden der Verbundenheit, der immer mitschwingt und der sich vor allem schnell wieder aufnehmen lässt. Hören wir mal sechs Monate nichts voneinander, ist es beim nächsten Gespräch ein Gefühl von *Wir haben uns doch erst gestern das letzte Mal gesehen!* Es ist eine Grundvertrautheit vorhanden, ein unsichtbares Band. Und genau deshalb können wir mit diesen Menschen genau da weitermachen, wo wir aufgehört haben.

Es ist schön, solche Freund*innen zu haben. Sie lassen dich in Ruhe, weil sie spüren, dass es gerade nicht geht und andere Dinge Priorität haben. Sie spüren aber auch, wenn es ernste und schwerwiegende Probleme gibt, die dazu führen, dass du dich wochenlang in Schweigen hüllst. Plötzlich stehen sie vor der Tür, nehmen dich in den Arm und ohne etwas zu sagen, bieten sie dir ihre Hilfe an.

Wir dürfen uns darüber freuen, solche Menschen um uns zu haben. Menschen, die uns immer wieder zeigen, wie wertvoll wir sind, auch wenn wir das vielleicht bei uns selbst gerade infrage stellen. Es zeigt, jemand hat an uns Interesse. Wir müssen uns nicht verstellen. Wir dürfen ehrlich sein, ohne dass sich jemand angegriffen fühlt. Wir dürfen Hilfe in Anspruch nehmen, ohne dass wir ständig etwas zurückgeben müssen. Denn irgendwann wird sich das Blatt wenden und dann werden wir das erwidern können, was wir uns in einer unserer emotionalen Schieflagen genommen haben. Es sollte also ein Geben und Nehmen sein, nicht nur in einer Freundschaft, sondern auch in einer Beziehung.

Du wirst sicherlich auch gewisse Phasen in deinem Leben haben, in denen du merkst, dass du dich von Freund*innen trennen musst. Häufig passiert dieses, wenn gemeinsame Schnittmengen im Leben nicht mehr vorhanden sind. Loslassen ist dann der bessere Weg als verkrampftes Festhalten.

Ein Beispiel ist das Thema „Mutterschaft". Wird die eine Freundin schwanger, während die andere gerade an ihrer Doktorarbeit sitzt und mit Kindern nun mal gerade gar nichts anfangen kann, wird es unter Umständen schwierig. Wir sagen: *So ist das Leben.* Wir entwickeln uns weiter und schlagen andere Richtungen ein. Es werden immer Freundschaften kommen und gehen! Aber ein kleiner Bruchteil wird bleiben, der bis zum letzten Atemzug einen großen Anteil zu unserem Leben und auch Glück beigetragen haben wird. Und das ist doch wunderschön! Wir raten dir: Fokussiere dich auf die Menschen, die dich genauso nehmen, wie du bist – in all den Phasen, die das Leben so mit sich bringt. Menschen, mit denen du dich wohlfühlst, und mit denen du dir vorstellen kannst, noch im Altersheim zu lachen, zu quatschen oder zu schweigen. In Liebe, ohne Druck.

Paarcoach Sascha Schmidt erzählt:
So bleibst du ehrlich und authentisch

Ganz klar: Streit oder andere Konflikte gehören auch in den besten Freundschaften dazu. Und da wir für Ehrlichkeit sind – auch in einer langjährigen Freundschaft – haben wir Paarcoach Sascha Schmidt gebeten, dir zu erzählen, wie du Kritik auf Augenhöhe anbringen kannst.

Leider haben sehr viele von uns richtig schlechte Erfahrungen damit gemacht, sich wirklich und ehrlich zu zeigen. Laut und kräftig zu sagen: *Ich will oder So fühlt sich das an für mich oder Stopp, das geht zu weit.* Woran liegt das? Ein Blick zurück in die eigene Kindheit erklärt hier vieles. Wir konnten dies nämlich alle mal als Kleinkind. Je nachdem, wie deine Eltern darauf dann reagiert haben, wirst du für dich beschlossen haben, dass es keine gute Idee ist, einen eigenen Willen zu haben. Weil Liebesentzug drohte. Beobachte einmal, wie du mit deinem Kind heute umgehst oder umgegangen bist, als sein Autonomiealter („Trotzphase") begann. Parallel kannst du viel lernen von deinem Kind, denn es kann als Kleinkind so wunderbar

Lass mich! und *Ich will aber*! sagen oder schreien. Ehrlichkeit und Authentizität pur! Wie schaffst du es jetzt, dies als erwachsene Frau zu sagen, ohne kindisch oder trotzig zu wirken? Ein Herzensanliegen des dänischen Familientherapeuten Jesper Juul (1948–2019) war es, Eltern – gerade Mütter – immer wieder zu ermutigen, eine persönliche Sprache zu benutzen:

• Ich will ...
• Ich will nicht ...

Denn damit gewinnst du nicht nur innerliche Klarheit, sondern zeigst dich unumwunden deinem Gegenüber. Er oder sie kann nun in den direkten Kontakt zu dir gehen und sich mit dir austauschen, ob er oder sie dir folgen mag oder nicht. Ein offener Dialog kann entstehen. Das ist das Gegenteil eines Schlagabtausches oder Rätselratens, was du denn meinen könntest. Du kannst dies üben und Schritt für Schritt dadurch ehrlicher, authentischer und offener werden für einen echten Kontakt – ohne Täuschungen:

1. Beobachte deine heutige Kommunikation. Sagst du, was du meinst, oder verpackst du deine Gedanken und Gefühle in Watte, sodass der Kern gar nicht mehr sichtbar ist?

2. Nimm dir vor, in unterschiedlichen Lebensfeldern (Familie, Partnerschaft, Freundeskreis, Job) einmal am Tag persönliche Sprache zu nutzen. Registriere dabei deine Gefühle, Widerstände und eventuelle Erleichterung, wenn es raus ist.

3. Falle dabei nicht aus der Rolle. Bei einer Freundin mit den Füßen auf den Boden zu stampfen und laut *Ich will aber nicht mehr deine Stories über deinen Chef hören* zu sagen, entspricht nicht einer erwachsenen Frau. Stattdessen könntest du sagen: *Tut mir leid. Heute habe ich keine Zeit bzw. Lust, mir deine Job-Geschichten anzuhören. Ich möchte mit dir über etwas anderes reden.* Das ist zugleich ehrlicher, als sich alles anzuhören, *Ja, ja* zu sagen und via WhatsApp eine Parallel-Unterhaltung zu führen .

Kleiner Tipp: Wem das *Ich will!* zu hart und zu forsch erscheint, für den gibt es eine Alternative: *Ich möchte*. Wichtig ist das *Ich* in der Botschaft, statt eines „man" oder „du".

Das (eher unfreiwillige) Selbstexperiment: Wie ist es, Energievampire loszulassen?

Was ist, wenn du merkst, dass deine Kritik nicht mehr ankommt? Oder wenn du feststellst, dass du Freundschaften nur noch am Laufen hältst, weil sie seit x Jahren bestehen, du aber merkst, dass sie dich mehr Kraft kosten als geben? Was passiert, wenn wir uns unser Umfeld bewusst anschauen und in der Praxis tatsächlich Menschen gehen lassen? Bestseller-Autorin und Bloggerin Danielle Graf (Instagram: @gewuenschtestes.wunschkind) hat sich über mehrere Wochen mit ihrem Umfeld auseinandergesetzt und Entscheidungen getroffen. Welche, das erzählt sie dir jetzt.

Bloggerin Danielle Graf hat während der Corona-Welle im Frühjahr 2020 über mehrere Wochen ihr Umfeld sortiert.

Es war eine Extremsituation, die mich mehr oder weniger dazu gebracht hat, einen genaueren Blick auf meinen Freundes- und Bekanntenkreis zu werfen. Wer tut mir gut? Wer nicht? Fragen, die für mich aufgrund der wenigen Zeit, die ich hatte, essenziell wurden. Was war los? Während der akuten Corona-Welle war ich in meinem Job bei einer Gemeinde so stark eingebunden, dass ich über Wochen zwölf, 14 oder 16 Stunden am Tag gearbeitet habe. Ich wurde von einem Tag auf den anderen aus meinem normalen Alltag herausgerissen, beruflich und privat. Zeit hatte ich nicht mehr – weder für meine Kinder noch für meinen Mann. Erst recht nicht für mich. Ich bin in dieser Zeit morgens müde aus dem Bett gefallen, habe es auf der Arbeit kaum geschafft, etwas zu essen, habe dann abends nur noch Abendbrot gegessen und bin wieder ins Bett gegangen. Meine Kinder habe ich teilweise über Tage nicht gesehen. Das war echt hart! Und trotz allem ging in dieser Phase das normale Familienleben ja weiter. Die Kinder wollten Zeit mit mir verbringen, mein Partner natürlich auch. Der wichtigste Anspruch war für uns als Eltern, die Normalität für unsere Kinder irgendwie aufrechtzuerhalten.

Wer tut mir jetzt gut?

Dazu kamen dann Freund*innen, die plötzlich zu Hause waren und Kontakt zu mir gesucht haben. Ich war – brutal gesagt – gezwungen zu selektieren, denn ich hatte weder Zeit noch Kraft. Nur als Beispiel: Ich habe es am Anfang kaum geschafft, mit meiner Mutter zu sprechen. In dieser Zeit habe ich mich dann mit dem Blick auf meinen Freundes- und Bekanntenkreis gefragt: Mit wem kann ich jetzt überhaupt noch Kontakt haben und mit wem nicht? Wer ist überhaupt auf meiner Wellenlänge? Ich konnte mich nicht mehr über Belanglosigkeiten unterhalten. Das ging einfach nicht. Aufgefallen ist mir das vor allem beim Durchscrollen in den sozialen Medien – zuerst habe ich „Freunde" vorübergehend auf stumm geschaltet, wenn mich ihre Statusmitteilungen nicht interessiert haben. Etwas, was ich vorher so gar nicht von mir kannte. Mir war alles zu viel. Ich habe dann Kontakt zu Menschen gesucht, bei denen ich mich aufgehoben gefühlt habe und mit denen ich mich online dann auch über die Corona-Situation austauschen konnte. Das waren tatsächlich wenige Leute. Ich war zu diesem Zeitpunkt zu sehr drin im Thema und habe dadurch den Ernst der Lage hautnah mitbekommen.

Ich habe Online-Freund*innen radikal ausgemistet

Im nächsten Schritt dann bei meinen Online-Freund*innen tatsächlich radikal ausgemistet, Freundschaften gekündigt – und zwar die zu den Menschen, die sich zu Verschwörungsideologien hingezogen gefühlt haben. Das habe ich nicht ausgehalten! Ich konnte es nicht nachvollziehen, warum die Leute völlig unlogische, sinnfreie und vor allen nicht belegbare Theorien oder Seiten von Leugner*innen geteilt haben. Ich bin dafür, kritisch Dinge zu hinterfragen, aber was da teilweise abging, war für mich absurd. Ich konnte mit denjenigen, die daran glauben, keine Ebene mehr finden – weder damals noch heute. Dafür standen wir einfach zu weit auseinander.

Ich habe Freund*innen bewusst losgelassen

In meinem privaten Umfeld hat zum Glück niemand über diese Theorien philosophiert. Allerdings haben „echte" Freundschaften über einen längeren Zeitraum geruht, das war für mich auch neu. Mir ist in dieser Zeit sehr bewusst geworden, wer mir wirklich wichtig ist. Bei meinen Herzensmenschen tat es mir sehr leid, dass ich denjenigen oder diejenige nicht sehen konnte. Es gab aber dann wiederum auch Freundschaften, bei denen ich gemerkt habe: *Hey, ich habe nun drei Monate nichts von dir gehört, aber das ist gar nicht schlimm.* Mir wurde klar, dass ich an manchen Menschen gar kein großes Interesse mehr hatte. Und ich habe mich befreit gefühlt, weil ich zwei, drei Freund*innen dann tatsächlich bewusst aus meinem Leben geworfen habe. Menschen, mit denen ich eigentlich nur noch Kontakt hatte, weil wir uns lange kannten. Kontakte, die ich auch sicherlich nicht mehr herstellen werde, weil sie mir nicht mehr wichtig sind.

Das klingt jetzt so hart, aber es war für mich dennoch erstmal schwierig, loszulassen. Im Nachhinein fühle ich mich allerdings befreit und denke, dass ich das viel früher hätte machen sollen. Ich glaube, dass wir wahre Freundschaften in Notsituationen, schlechten Zeiten und Krisensituationen erkennen. In dieser Zeit können wir uns fragen: Wer tut mir gut? Viele Menschen sind einfach auf sich selbst fixiert. Ich habe Freundschaften gekündigt, bei denen mir klar wurde, dass kein Gleichgewicht zwischen Nehmen und Geben bestand, sondern dass immer nur einseitig genommen wurde. Mir war das vorher gar nicht so bewusst. Zum Beispiel ging es in den Gesprächen immer nur um mein Gegenüber. Ich sollte meinen Rat, meine Aufmerksamkeit und mein Mitgefühl liefern. Meine Gedanken und Gefühle haben sie nicht interessiert.

Eine wahre Freundschaft ist gewinnbringend für beide Seiten

Ich fühle mich gut, wenn ich merke, dass ich verstanden werde. Das Verhältnis zwischen Geben und Nehmen sollte einfach ausgeglichen sein. Mein Tipp: Höre auf, Zeit mit Menschen zu verbringen, bei denen du dich nicht wie du selbst oder nicht gut fühlst, die du nur pflegst, weil es sie schon lange gibt. Das Leben ist zu kurz für schlechte oder nicht intensive Freundschaften. Wir sollten unsere Zeit für unsere Familie und engsten Freunde nutzen und aufhören, sie mit Menschen zu verbringen, mit denen wir nicht auf einer Wellenlänge sind. Der Austausch sollte für beide Seiten gewinnbringend sein – so etwas wie ständige Vergleiche oder Kinder herabwürdigen geht für mich gar nicht. Ein abschließendes Gespräch ist sinnvoll, denke ich. Und wenn das Gegenüber die eigenen Gedanken nicht versteht, finde ich ein langsames Ausschleichenlassen auch okay. Ich habe festgestellt, dass echte Freund*innen mich und meine Situation verstanden haben und nicht beleidigt waren, als ich gesagt habe: *Ich habe jetzt keine Zeit!* Dann haben sie geantwortet: *Wir sehen, dass es dir nicht gut geht. Wir sind immer für dich da. Du kannst immer auf uns zukommen. Und ansonsten warten wir ab, bis du dich meldest.*

STELLE DICH AN ERSTE STELLE!

 ## Love yourself, Mama!

Und zum Abschluss dieses Buches haben wir noch einmal den eindringlichen Appell an dich: Bitte nimm dich auf allen Ebenen ernst. Unsere Erfahrungen aus unserem jeweiligen Berufsleben als Hebamme, Frauenärztin und (TV-)Journalistin haben uns klar gezeigt: Wir Frauen stellen uns (fast) immer hinten an der Schlange an, wenn es um uns selbst geht. Die eigene Gesundheit wird immer so lange in den Hintergrund gedrängt, bis es richtig knallt. Obwohl der Körper schon lange Signale gegeben hat, werden diese wissentlich überhört, weil immer andere Dinge „Vorfahrt" haben. Wir können es auch als eine gewisse Bequemlichkeit interpretieren, da es ja in der Regel immer Mühe macht und Zeit kostet, sich mit sich selbst zu beschäftigen und an sich zu arbeiten. Plötzlich ist der Tag da, an dem der Hörsturz passiert, das Burn-out zuschlägt oder man beim Abtasten der Brust einen Knubbel ertastet. Das Kind ist dann in der Regel schon in den Brunnen gefallen und die Reue groß.

Unser Buch entsteht in einer Zeit, in der besonders deutlich wird, dass und insbesondere auch wir Mütter systemrelevant sind. Im Klartext: *Ohne uns geht der ganze Laden den Bach runter.* Wir kümmern uns 24/7 um unsere Kinder, halten unser*en Partner*innen den Rücken frei, wir sind Köchinnen, Putzfrauen, arbeiten rein zufällig auch noch Vollzeit im Homeoffice und zu guter Letzt sind wir auch noch Entertainerinnen für die ganze Sippe, damit alle bei Stimmung bleiben. Nur uns ist dabei eigentlich zum Heulen zumute, weil wir nicht wissen, wie wir das alles schaffen sollen.

MIT DIESER AFFIRMATION VERSCHAFFST DU DIR SELBST PRIORITÄT

Stelle dich bei allem an die oberste Stelle. Wir haben eine letzte Aufgabe für dich: Schreibe dir einen Zettel mit folgenden Sätzen *Meine Gesundheit hat oberste Priorität. Ich habe nur das eine Leben. Ich bin wertvoll. Ich bin wichtig für meine Familie.* – Und hänge ihn da auf, wo du ihn definitiv täglich siehst. Das kannst du dir in Zukunft, wenn mal wieder etwas anderes wichtiger erscheint, als Affirmation aufsagen!

Und mal ganz ehrlich, irgendwie haben wir doch alle irgendwann mal Zeit. Es ist nur die Frage, wie wir sie sinnvoll einsetzen oder auch nicht. Wir sind immer wieder erstaunt, wenn wir uns die Tagesauswertungen unserer Bildschirmzeiten ansehen. Ist es wirklich immer so wichtig, Herzchen zu verteilen und Texte zu kommentieren? Müssen wir Stunde um Stunde am Handy oder Computer verbringen? Es ist viel Lebenszeit, die wir dadurch verschenken. Zeit, die wir in der Regel sitzend verbringen. *Sitzen ist das neue Rauchen*, diesen Satz solltest auch du auch noch verinnerlichen, um dich zu mehr Bewegung zu motivieren. Bewegung, die deine Verspannungen löst und deine Laune hebt. Bewegung, die dich auspowert, sodass du abends wirklich mal ins Bett plumpst, ohne das Gedanken-Karussell mit unter die Bettdecke zu nehmen, und einfach mal sofort ein- und vor allem durchschläfst. Vorausgesetzt, es steht nicht postwendend ein kleiner Geist vor deiner Matratze, der dir was von Krokodilen im Kinderzimmer erzählt. Begib dich spätestens in die Spur, wenn dein Körper mit dir „spricht". Nimm ihn ernst und kümmere dich um dich: ZEITNAH! Love Yourself, Mama – genau JETZT!

VON HERZEN DANKE

Du kannst so viel mehr, als du denkst! Früher habe ich gedacht: Jaja, was für ein abgedroschener Coaching-Spruch. Heute weiß ich dank meines Umfeldes, dass es wirklich so ist! Dass in uns allen viel mehr steckt, als wir vermuten. Einfach losgehen, weitermachen, an sich selbst glauben – das haben mich meine Familie, meine Freund*innen und Job-Partner*innen gelehrt. Mein DANKE von Herzen geht an: meinen Mann Thorsten, was wäre ich nur ohne dich? Danke dafür, dass du mich immer siehst und mich bei jeder Entscheidung trägst. Ich liebe dich! DANKE an meine beiden Töchter – ihr macht mich stark und selbstbewusst, ihr seid mein kreativer Motor und der Beweis dafür, dass der Glaube Berge versetzt – love you! DANKE, Mama – du weißt, wofür alles – ein tiefes ♥! Danke, Papa und Eva – eure Worte, eure Liebe und euer Da-Sein geben mir Kraft! ♥ Danke Frauke und Günter – ihr seid die Schwiegereltern, die ich mir immer gewünscht habe! ♥ Danke Birgit – du Super-Tante! ♥ Und an meine Schwägerin Kathrin – du Sista! ♥

Danke besonders an Anne und Fredi – was soll ich sagen? Tiefe Verbundenheit hat nichts mit Kilometern zu tun! Einen dicken Kuss an Alke, Steffi und Gesche! Ein Danke aus tiefstem Herzen an Tina, Sonni, Sandra und Inka! Eine Umarmung für Birka, Sarah, Kati, Agata, Tini, Anna, Mellie, Viola S., Viola R., Yasi, Reni, Helge, Kristin, Maira, Belli, Lisa und Laura. Danke an alle, die mit uns an MutterKutter glauben und uns supporten. Liebe Laura (@heuteistmusiklaura) – wenn echter Kaffee aufgrund der Entfernung nicht geht, nehme ich ihn auch online! Ich mag dich einfach! Liebe Danielle (@gewuenschtestes.wunschkind) – du bist ein Herz, Danke für diese Verbindung! Danke an unsere Geschäftspartner*innen für das Vertrauen in uns als MutterKutter-Crew, insbesondere den Rotho-, dm Glückskind-, Pelvina- und Charlotte Meentzen-Teams!

Und nun: DANKE an meine wundervolle MutterKutter-Crew – ohne euch wäre ich eine Nussschale mit Schlagseite: Kerstin – für deinen mega Humor, deine Kraft und Kreativität, für dein Herz, für dich, diese verrückte Berlin-Ostsee-Freundschaft und dafür, dass du mir beigebracht hast, auch einfach mal mit Kawumms auf die Zielgerade zu springen! Judith, wieso bist du mir eigentlich so ähnlich? Manchmal finde ich das mehr als verrückt! Danke, mein italienischer Engel! Danke für diese Verbindung von Seele zu Seele! Danke an Anna – ich bin so froh, dass du jetzt so richtig in meinem Leben bist! Ich mag dich einfach sehr! Danke an Annika – einmal Fernsehen, immer eine Verbindung? So lustig! Wir alle freuen uns sehr über dich! Und herzlichen Dank an Sascha, Franziska und Isabel – für jede eurer klugen Perspektiven.

Danke an den humboldt Verlag, insbesondere an Mark! Für jeden Push, für jede Einschätzung, Kritik und für diesen unerschütterlichen Glauben an uns! Und natürlich auch an unsere Lektorin Katia Simon – das war wieder toll mit dir, so kreativ und auf Augenhöhe!

Und ein aufrichtiges DANKE an alle unsere Leser*innen und Follower*innen! Jeder Klick, jeder Kommentar und jedes Like zeigt uns, dass wir richtig liegen! Es ist so schön, dass ihr alle an Bord seid!

 Nun haben wir unser zweites Buch geschrieben, und ich habe das Gefühl, ein einfaches „Danke" an meine MutterKutter-Crew reicht schon lange nicht mehr aus. Vielmehr möchte ich euch, Doro und Kerstin, wirklich von ganzem Herzen, aus tiefster Verbundenheit und mit einem unglaublichen, aufrichtigen Respekt euch gegenüber DANKE sagen – für euer Sein, eure Seelen und eure gemeinsame Arbeit mit mir. Ich bin sehr stolz auf uns und freue mich auf viele, viele weitere Jahre mit euch an meiner Seite.

Danke, lieber Mark Wachsmann, du gute Seele des humboldt Verlages und ständiger Inputgeber, für deine Unterstützung und dein immer offenes Ohr.

Danke von ganzem Herzen an meine Familie, meinen Mann und meine Kinder. Ihr seid das Beste, was mir je passiert ist, und manchmal kann ich selbst kaum glauben, dass ich eure Ehefrau und Mama sein darf.

Und natürlich einen riesen Dank an alle Leser*innen unseres Onlinemagazins „MutterKutter", eure treue Begleitung, eure Kommentare und euer Feedback. Ihr seid einfach großartig!

 Wir selbst sind für unser Glück verantwortlich. Das ist etwas, was ich in den letzten Jahren lernen durfte. Wir dürfen nicht warten, dass das große Glück, wie immer es auch aussehen mag, auf unsere Fußmatte fällt, sondern wir müssen in der Regel schon etwas dafür tun. Unser MutterKutter-Team hat viele Pläne, viele Ideen, viel Kreativität und vor allem Potenzial. Nun ist unser zweites Buch entstanden und weitere sind in Vorbereitung. Wir haben Film-Projekte abgewickelt, machen Content-Marketing, haben einen Podcast eingesprochen, dürfen für Industrieunternehmen arbeiten, und ich habe das große Glück eine Naturkosmetik-Linie für Mutter und Kind mitzuentwickeln und zu vermarkten. Für mich und uns als Team ist das ein unfassbarer Erfolg, den wir uns jeden Tag aufs Neue erarbeiten. Wir gehen durch manche emotionale Tiefen, aber in Summe überwiegen die Hochs.

Doro und Judith, es ist ein noch größeres Glück, dass wir uns gefunden haben! Als Team wuppen wir vieles. Dafür könnte ich euch täglich knutschen und umarmen, auch wenn es in unserem Kiel-Berlin-Rom-Dreieck leider meistens nur Luftküsse bleiben werden.

Ein besonders großer Dank gilt natürlich meiner Familie, die mich als Mama-sitzt-schon-wieder-am-Schreibtisch-und-arbeitet ertragen muss. Meinen fünf Töchtern, meinen „Power-Frauen"! Die Männer, die euch mal heiraten, sollten sich warm anziehen. Meinen zwei Söhnen, meinen „Frauen-Verstehern"! Wer mit fünf dominanten Schwestern aufwachsen muss, wird stark fürs Leben. Meinem Mann, der mich durch meine Höhen und Tiefen trägt und mir mit viel emotionalem Zuspruch meine Krone wieder gerade auf den Kopf setzt und mir immer wieder sagt: *Sei mal stolz auf dich.*

Meinen bzw. unseren Wegbegleiter*innen ein ebenso großes Dankeschön: An das großartige dm glückskind-Team, insbesondere Marielle Iani, Daiga und Julia Roser. Rotho-Babydesign, mit Silvia Emge und Vivian Hudzicki. Danke, dass ihr uns einfach machen lasst und wir für euch kreativ sein dürfen. Den Beckenboden-Expertinnen von Pelvina mit Kathrin Boll. Wir haben uns gesucht und gefunden, wie toll!

Unserem Programmleiter Mark Wachsmann vom humboldt Verlag. Mark, wir haben dich als unseren Mentor sehr in unser Herz geschlossen, da bleibt auf ewig ein Plätzchen für dich.

Meinen Kolleginnen vom Waldfriede-Krankenhaus in Berlin-Zehlendorf.

Und ein ganz besonderer Dank gilt Robert Gey, Dr. Dorit Meinhold, Paul Seifried und Prof. Dr. Gerybadze von Charlotte Meentzen Naturkosmetik Dresden/Radeberg. Ich bin sehr glücklich über unsere Zusammenarbeit und unsere gemeinsame Vision. Es wird großartig!

UNSERE LINK-EMPFEHLUNGEN FÜR DICH

Hier bekommst du konkrete Hilfe, Inspiration, gute Geschichten oder einfach eine Herzensempfehlung:

Intern – hier findest du uns Autorinnen

Der Survival-Guide für Mamas: Unser Ratgeber rund um die Vor- und Grundschulzeit.

MutterKutter – Unser Magazin mitten aus dem Leben. Mit unseren Geschichten, Texten, Interviews und Filmen möchten wir dich unterhalten, berühren und informieren. Wir freuen uns, wenn du an Bord kommst.
Online-Magazin: www.mutterkutter.de
Instagram: www.instagram.com/mutterkutter/
Facebook: www.facebook.com/mutterkutter.de/
Pinterest: www.pinterest.de/mutterkutter/

Fotos, Videos und Texte – All das bekommst du bei unserer MutterKutter-Herausgeberin Doro. Sie ist unsere „eierlegende Wollmilchsau". Doro hat über zehn Jahre Erfahrung als (TV-)Reporterin. Das Texten hat sie von der Pike auf gelernt, das Drehen und Schneiden kam dazu. Seit 2016 ist sie in Schleswig-Holstein als Fotografin und Filmproduzentin im Auftrag ihrer Kunden unterwegs (Reisen sind nach Absprache ebenfalls möglich). Ihr Motto: professionell, kreativ, liebevoll und persönlich.
Website: www.mutterkutter.de/agentur
Instagram: www.instagram.com/dahinden_doro/

Hebamme Kerstin Lüking – Content Marketing – das bekommst du von unserer Hebamme und Autorin Kerstin. Kerstin arbeitet seit über 20 Jahren als Hebamme und hat zudem einen großen Erfahrungsschatz als Mutter. Ihr Motto: professionell, inhaltliche Tiefe und Schnelligkeit. Kerstin arbeitet als Beraterin führender Industrieunternehmen und hat eine Beiratsfunktion bei dm glückskind, zudem ist Kerstin als Buchautorin tätig. 2021 kommt eine Naturkosmetik-Linie für Mutter und Kind auf den Markt, an deren Entwicklung und Vermarktung Kerstin beteiligt ist.
Website: www.hebammekerstinlueking.de
Instagram: www.instagram.com/kerstinlueking/
Facebook: www.facebook.com/Hebamme-Kerstin-Lueking/

„Ich werde Mama!" – Der Schwangerschaftsbegleiter unserer Hebamme und siebenfachen Mama Kerstin Lüking.

Modelpage Judith Bildau – Website unserer in der Toskana lebenden Frauenärztin Judith, die nebenbei als Model arbeitet:
Website: www.judith-modelpage.com/
Instagram: www.instagram.com/julesloveandlife/
Starke Mädchen brauchen entspannte Eltern – Judith Bildaus Buch über unsere Töchter, ein Begleiter, um gelassen durch den Familienalltag zu kommen.

Hier bekommst du unsere externen Linktipps

Anna Funck – TV-Moderatorin, Bestseller-Autorin und seit Anfang 2020 Gast-Autorin auf MutterKutter. *Website:* www.annafunck.tv/
Annika Rötters – Psychologin, Gesprächstherapeutin, Führungskräftetrainerin und Gast-Autorin auf MutterKutter. Annika bietet ein (von den Krankenkassen bezuschusstes) Präventionsprogramm zur Stärkung der psychischen Widerstandsfähigkeit an. Mehr über diesen Kurs und über Annika findest du hier: *Website:* https://psychotrainment.de/
Charlotte Meentzen – Zertifizierte Naturkosmetik der Extraklasse. Wir lieben dieses Traditionsunternehmen, das das Wissen über die Kräfte der Natur mit seinen Produkten verbindet.
Website: https://meentzen.de/
dm Glückskind – Wir empfehlen gerne die Baby- und Kinderkleidung von Alana. Du kannst hier durch den Pfadfinder nachverfolgen, wo die Kleidung hergestellt wurde. *Website:* www.dm.de/glueckskind – und dazu unseren Podcast „HEY Familie", den wir für dm glückskind produzieren:
https://www.dm.de/glueckskind/podcast-hey-familie
Das gewünschteste Wunschkind – Danielle Graf und Katja Seide sind DIE Bloggerinnen in Sachen bindungs- und beziehungsorientierte Elternschaft. Sie helfen uns Eltern mit ihrem Wissen in schwierigen Situationen weiter.
Website: www.gewuenschtestes-wunschkind.de/
Das Hilfetelefon Gewalt gegen Frauen – Ein bundesweites Beratungsangebot für Frauen, die Gewalt erlebt haben oder noch erleben.
Website: www.hilfetelefon.de/
Das Müttergenesungswerk – Hier bekommst du Hilfe, falls du eine Mutter-Kind-Kur beantragen möchtest.
Website: www.muettergenesungswerk.de/startseite.html
die_kinderherztin – Auf dem Blog von Dr. med. Snježana-Maria Schütt (Fachärztin für Kinder- und Jugendmedizin) findest du viele hilfreiche Informationen rund um das Thema Kindergesundheit.
Website: https://die-kinderherztin.de/
Edition F – Ein Magazin für Frauen, das sich durch sehr gute magazinige Inhalte auszeichnet. Die Philosophie dahinter: die Welt ein bisschen besser, fairer und gleichberechtigter machen.
Website: https://editionf.com/

Eine ganz normale Mama – Nathalie ist Journalistin und von Haus aus wahnsinnig ehrlich. Sie schreibt schön unverblümt über unser Mamaleben und schafft es, uns ein Lächeln ins Gesicht zu zaubern.
Website: https://ganznormalemama.com/

famzy – Eine Plattform von Eltern für Eltern. Hier findest du gleichgesinnte Eltern, Familienadressen, Freizeitideen und verfügbare Eltern-Kind-Kurse in deiner Nachbarschaft.
Website: https://famzy.de/

Frauengesundheitsportal – der Bundeszentrale für gesundheitliche Aufklärung. Hier bekommst du viele Informationen rund um das Thema Frauengesundheit.
Website: www.frauengesundheitsportal.de/

Frauen gegen Gewalt – Der bff ist der Bundesverband der Frauenberatungsstellen und Frauennotrufe in Deutschland. Im bff sind rund 190 Frauennotrufe und Frauenberatungsstellen zusammengeschlossen. Sie leisten in Deutschland den hauptsächlichen Anteil der ambulanten Beratung und Hilfestellung für weibliche Opfer von Gewalt.
Website: www.frauen-gegen-gewalt.de/de/

Große Köpfe – ein sehr ehrlicher Elternblog – Alu und Konsti schreiben hier aus ihrer und seiner Sicht über das turbulente Leben mit drei Kindern in Berlin.
Website: www.grossekoepfe.de/

Heute ist Musik – Journalistin und Dreifachmama Laura schreibt auf ihrem Blog über Mental Load und Feminismus. Hier findest du tolle Tipps und ganz viele Organisationstools für mehr Entspannung in deinem Alltag. Laura ist übrigens auch Buchautorin im humboldt Verlag.
Website: www.heuteistmusik.de/

Initiative Chefsache – Steht für die Chancengleichheit von Männern und Frauen in der Berufswelt ein.
Website: https://initiative-chefsache.de

Inke Hummel – Pädagogin, Familienbegleiterin und Buchautorin. Sie steht für familiäre Bindung und Beziehung auf Augenhöhe.
Website: https://inkehummel.de

Juramama – Bei der Anwältin und Feministin Nina Straßner bekommst du nicht nur wertvolle rechtliche Infos für deinen Familienalltag, sondern auch grandiose Texte rund um das Thema Gleichberechtigung.
Website: www.juramama.de/

KindHerzGedanke – Wundervolle Poesiekunst. Mit liebevollem Blick und so viel Gefühl formuliert Janine Dürrmann ihre Gedanken rund ums Elternsein.
Website: www.kindherzgedanke.de/

Licht & Schatten e.V. – Initiative peripartale psychische Erkrankungen. Hier bekommst du Hilfe, falls du nach der Geburt in einer seelischen Krise bist.
Website: www.schatten-und-licht.de/index.php/de/

Mamapsychologie – Hier findest du die Onlineberatung unserer Psychologin Isabel Huttarsch. Sie bietet Onlinekurse für deine Mutterschaft auf Augenhöhe – mit deinem Kind und mit dir selbst.
Website: www.mamapsychologie.de

Mit Kindern lernen – Stefanie Rietzler und Fabian Grolimund sind Psycholog*innen und geben Tipps rund um das Thema „Lernen". Sie wünschen sich, dass möglichst viele Kinder eine entspannte, schöne und lehrreiche Schulzeit haben.
Website: www.mit-kindern-lernen.ch/

Nora Imlau – Familienspeakerin, Buchautorin und Journalistin mit einem liebevollen Blick auf die Bedürfnisse unserer Kinder und unsere eigenen.
Website: www.nora-imlau.de/

OhYouWomen – Eine Berliner Initiative, die sich für die Gleichbehandlung von Frauen und Männern einsetzt.
Website: www.ohyouwomen.org/

Paarcoach & Familienberater Sascha Schmidt – Du möchtest gerne eine Paarberatung machen? Dann können wir dir Sascha Schmidt ans Herz legen. Er ist seit Anfang 2020 nicht nur Gastautor auf MutterKutter, dazu ist er auch noch Buchautor im humboldt Verlag mit „Wieder Paar sein".
Website: www.wieder-paar-sein.de/

Pelvina – Die Beckenbodenspezialisten. Bequem per App trainieren, mit tollen Informations- und Übungsvideos.
Website: https://pelvina.de/

Rotho Babydesign – Tolle Produkte für dich und dein Baby, unter anderem schöne Stillkissen, tolle Wickelunterlagen und Bio-Töpfchen und Bio-Badewannen.
Website: https://rotho-babydesign.com/de/

Stadt Land Mama – ein toller Blog der Journalistinnen und Dreifachmamas Lisa und Katharina. Hier findest du viele Geschichten aus dem wahren Leben. Geschichten, die uns Mamas wirklich da abholen, wo wir stehen.
Website: https://www.stadtlandmama.de

Stillberatung Franziska-Beatrice Fiedler – Franziska hat einen liebevollen bedürfnisorientierten Ansatz, und du kannst ihre Beratung von überall aus in Anspruch nehmen, da sie auch telefonische oder Video-Beratung anbietet.
Website: www.stillberatung-fbf.de/

Telefonseelsorge – Die Telefonseelsorge ist für alle da und bietet kostenfrei Hilfe rund um die Uhr per Telefon, Chat, E-Mail oder Face-to-Face-Beratung.
Website: www.telefonseelsorge.de/

Weisser Ring – Hier bekommst du Hilfe, wenn du Opfer von Kriminalität oder Gewalt geworden bist.
Website: https://weisser-ring.de/

Wellcome – Hier werden für das erste Lebensjahr ehrenamtliche Frauen vermittelt, die dir unter die Arme greifen. Und das für eine minimale Zuzahlung.
Website: www.wellcome-online.de/

Bibliografische Information der Deutschen Nationalbibliothek
Die Deutsche Nationalbibliothek verzeichnet diese Publikation in der deutschen
Nationalbibliografie; detaillierte bibliografische Daten sind im Internet über
https://dnb.de abrufbar.

ISBN 978-3-8426-1644-8 (Print)
ISBN 978-3-8426-1645-5 (PDF)
ISBN 978-3-8426-1646-2 (EPUB)

Originalausgabe

© 2021 humboldt
Die Ratgebermarke der Schlüterschen Verlagsgesellschaft mbH & Co. KG
Hans-Böckler-Allee 7, 30173 Hannover
www.humboldt.de
www.schluetersche.de

Lektorat: Katia Simon, Essen
Covergestaltung: ZERO München
Covermotiv: Shutterstock.com/Nadia Grapes, Tartila, Picnote
Illustrationen: Verena Potthast (www.rundfux.com)
Satz: PER MEDIEN & Marketing GmbH, Braunschweig
Druck und Bindung: gutenberg beuys feindruckerei GmbH, Langenhagen